全ての流派に通じる、隠された法則

太極拳のヒミツ

「8」の字の奥秘で、
真意がわかる!
身につく!

真北《まきた》斐図《あやと》

BAB JAPAN

■はじめに

「8」の字の奥秘

Nさんのメールが私のパソコンに届いたのは、平成4年の夏でした……。それからもう、20数年経ちましたが、その内容をこの本のプロローグに発表させていただくことにします。それは次のような内容でした。

「太極拳の最小単位は8である」という真北先生の理論について、少し私の感想を述べさせていただきたいと思います。私は現在、イギリスで楊式太極拳の古式（楊《よう》班《はん》侯《こう》老師の型）を学んでいますが、真北先生の理論は、私が現在師事している師匠の教えと共通するものがありまして、大変興味深く読ませていただきました。

私の師匠は、套路《とうろ》のほんのさわりの部分において、あえて「その動き」を誇張して見せてくれました。「これが全てだから」とも言っておりました。対人、つまり敵との攻防戦としての「8」については、「単推手（2人で片手を触れ合わせて円を描きながら行う練習法）」でそれを感じさせてくれた次第であります。

「8」の話を最初に読ませていただいた時の私の感想は、「こんなこと書いていいのかな」でした。

私は平成元年の春頃から『オーガニック・ツリー・メソッド（現・「真北斐図の太極拳HAO！」）』というホームページを開いて、気功や太極拳に関する、私の理解を発表する場にしていました。この本に収めた内容は、すでにその頃から発表していたのですが、「太極拳の最小単位は8である」という内容の文章もその中にありました。

Nさんのメールはその内容に対する返事でした。

そうです、「8の理解」は「奥秘」といって良いものです。Nさんの師匠が明かしたように「これが全て」なのです。

Nさんには、すぐに返信メールを送りました。Nさんからは、ホームページの掲示板に2度ほど当たり障りのない内容の書き込みがあって、その後、返事が来ることはありませんでした。

「8」の字の奥秘を理解することが、太極拳を理解することだった!

師との出会い

私は太極拳に出会ってもう37年になります。1980年の春ごろから1年間、中川二三生《ふみお》老師（老師とは中国語で「先生」という意味）に簡化24式太極拳を学んだ後、中川老師に紹介されて、山口博永《はくえい》老師から7年間、陳式太極拳を学びました。

そして1988年に、私がたまたま、初めて訪れた中野春美老師の主催する太極拳道場で、中野老師から兪棟梁《ゆとうりょう》老師を紹介されました。

そこは、中野春美老師の道場でした。なぜ私がその道場を訪ねたのかというと、その日は特に目的がなく、電車が中野駅に停車した時に、「そういえば、ここに太極拳の道場があったな」と思い出したからです。

当時、私はすでに数名の生徒を持ち、週に数回、公園で「簡化太極拳」を教えていましたが、その道場で、全日本太極拳協会の出版した簡化太極拳の小冊子を販売していると聞いていたので、何冊か購入しようと考えました。

道場には、中野老師が1人座っていました。もちろん有名な先生ですから、すぐにわかりました。

「はじめまして、渡辺（著者の本名）といいます。簡化太極拳のテキストを5冊ください」

「太極拳を練習しているんですか？」

「はい、簡化太極拳と陳式太極拳を練習しています」

「陳式を？　そう、ちょうどいいタイミングね。今日、これから上海の陳式太極拳の先生がここに来るのよ」

初めて中野老師とお会いしてお話ししたのは、大体こんな内容だったと記憶しています。

そんな会話をしていると、兪棟梁老師が道場に入ってきました。兪老師は、私がその道場を訪ねたその日に、上海から到着したとのことでした。

兪老師を見た最初の印象は、「この人が本当に陳式太極拳の先生？？　絶対に見えない……」。

陳式太極拳の兪棟梁老師（１９８９年頃）

当時30代前半だった兪老師は、青白い顔色で、病人ではないかと思わせるようなスリムな体形をしていました。

その場で私たちは、おしゃべりしながら大会の表演ビデオを見ていました。

すると兪老師は、表演者の演技の良し悪しを、片言の日本語で、コメントしました。

「この人、体は柔らかいけど、勁がないよ」

「お腹がなんにもないね。ほら、手足がバラバラ。良くないね」

ビデオを見ながら次々に発せられる、その的確かつ辛辣な批評を聞いているうちに、この人はただ者ではないと感じるようになっていました。

30分くらいお話しした頃、私は「それでは……」と席を立ちましたが、中野老師から「来週から兪老師の教室が始まります。どうぞいらしてください」という言葉をいただき、「はい……、ではよろしくお願いします」と答え、道場を後にしました。

これが、兪棟梁老師との長いお付き合いが始まった初日でした。

「8」という気づき

いろいろ迷った末、私は1週間後に中野の道場を訪れました。そして、その日初めて兪老師の太極拳表演を見ました。

兪老師は紺色のカンフーパンツと赤いTシャツ姿で、針金のように細い手足を不思議なしぐさでくねらせて、陳式太極拳新架式一路を表演してくれました。その姿はまるで、深海でうごめくエビのようだと思いました。その動作は、私がそれまで持っていた陳式太極拳のイメージとは、全くほど遠いものでした。

ゆっくり動いているのに、鋼のようなしなやかさが感じられました。早く動くと、魚が尾ヒレをひらめかせて素早く泳ぐような敏捷さを見せました。すぐに私は、「この老師の太極拳を学びたい！」と強く思いました。

最初は中野の道場に通い、週に2日、兪老師から陳式太極拳新架式を学びました。しかし、それに飽き足らず、老師にお願いして個人的な教室を作っていただき、代々木公園で数人の友人たち（私が簡化太極拳を教えていた生徒）と老師から陳式太極拳を学ぶようになりました。当時、私たち生徒は、兪老師を「兪さん」と呼んでいました（私はその頃35歳で、兪老師は私よりも2つ年下でした）。

兪老師から学び始めて1年目の頃、私はふと、師の教える動作が「8を描いている」ことに気づきました。

それである日、代々木公園の練習で生徒が私1人だった日に、「太極拳は8でしょう?」と、老師に質問してみました。

その時、ギョッとして振り返った兪老師の顔が、今でも忘れられません。老師は一呼吸おいて、「ええ、もうわかったの?」と言いました。そしてまた一呼吸おいて、「でも、他の生徒には内緒ね!」と片言の日本語で言いました。

「8」という蛇を手なずける

しかし、私の悪戦苦闘は、その時から始まりました。それは、「8」が套路の動作にどう生かせるか、「8」をどう区切ったらいいのか、「8」に関して、師匠は全く教えてくれなかったのです。私が質問すると、「見て!」と言って、何度か動作を見せてくれますが、決して、「図形を描いて」詳しく説明してくれることはありませんでした。

仕方なく私は、1人でなんとか、動作の中に「8」を入れようと頑張ってみたのですが、「8」を考えれば、動作の形が狂ってしまい、形を追えば「8」がなくなり、ほぼ8年間、私の頭の周りには四六時中、「8」が飛び回っていました。

「8」のどこが出発点なのか、わかりませんでした。「8」の左回りと右回りの接点である中心から動き出すのか、それとも上からなのか下からなのか、とにかくあらゆる方法を試してみました。その頃の私の練習風景をVHSビデオに撮って記録していますが、見るからに不恰好で、恥ずかしくなってしまいます……。

そのうち、兪老師から「渡辺（著者の本名）さん、「8」はまだやめたほうがいいですよ」と度々注意を受けるようになりました。それでも止めない私に「それは10年早いよ」と本心から忠告してくれたのですが、「8」が頭から離れることはありませんでした。

私以外に、5人のメンバーが兪老師から陳式太極拳を学んでいましたが、彼らは素直に兪老師の動作をそのままコピーして練習していきました。

メンバーの1人は、私の動作が少し変だと何度か忠告してくれましたが、私は頑なに「8」の練習をやめることはありませんでした。結局、長い間、私はありとあらゆる間違いを犯し続けました。

「8」は蛇です。蛇は毒を持っています。蛇を捕まえるには技術が必要で、一定の段階を踏まなくてはいけないのです。「8」こそがまさに蛇なのです。

突然、「蛇」と言っても、普通は意味がわかりませんね。それは、太極拳の創始者とされる張三豊《ちょうさんぽう》の伝説的な言い伝えに基づいています。

ある時（宋の時代であるとも、元の時代、明《みん》の時代であるとも言われています）、武当山で修行をし、陰陽太極の理を究めた張三豊道士が、庭先で鶴と蛇（または孔雀と蛇、あるいはカササギと蛇）が争っているのを目撃しました。

鶴は羽を広げて旋回しながら円形の動きを取り、蛇はその尻尾を首の動きに合わせて攻防しました。その時の鶴の羽ばたく姿と蛇の絡みつくように動く形から、柔が剛を制し、静が動を制する原理を悟り、その後、太極拳を編み出したという話です。

さあ、あなたはこのお話をどう捉えますか？　張三豊が太極拳を創始したのかどうかということに関して、いくら議論したところで、大した意味は見出せません。それよりも、鶴に絡まる蛇というイメージが、とても大切な「メッセージ」を持っていると思いませんか？　私はそう考えます。

「鶴」とは、太極拳の全ての「勢《せい》」です。「蛇」とは「力」です。それを「勁力」と呼びます。

太極拳の動きに熟達してくると、その表演者自身が鶴になり、その人の手足に絡まりつくような「蛇」が現れるのです……と、既刊『誰にも聞けない太極拳の「なぜ？」』の中で書きました。

しかし、この「8」という蛇は、強力な毒を持っています。まだ太極拳歴1年以内の初心者で形を覚えきれていない人や、大会に出場することを目指して形の正確さだけを練習している人には、「8」はお勧めできません。

この蛇を手なずけるためには、私の説明をよく読んで、一歩一歩、着実に練習を積み重ねていかなければいけません。

私は師匠の動作に「蛇」を見てから、もう28年が経過しました。そして今、長年悪戦苦闘した「8」について詳しく説明し、その安全な練習方法を発表できるようになりました。

私はインターネット上にホームページを運営し、太極拳・気功に関する私の考えを発表する場としています。また、私の著書やホームページを見た方からの疑問に答えるための掲示板も用意しています。

さあ、あなたもこの本を手掛かりに「8」の字の「蛇」を体感し、手なずけ、育てていってください。

真北斐図

目次

第3章 シンプルな動作パターン…139

―起承転結のプロセス―

■第 1 章■

「静」からみた法則

―天の中心軸の存在―

太極拳という巨大な渦へ

太極拳は、信じられないほど「巨大な渦」です。まず初め、人はあまりにも巨大なものを認識することはできません。大地を見ることはできますが、それが「球体」であると知覚できるでしょうか？

太極拳を練習する人は、靄《もや》の立ち込める大海の渦を巡る、1艘《そう》の小舟です。太極拳を学び始めた人は、最初、その巨大な渦に気づくことはありません。

しかし、気づかない「引力」に導かれて、小舟はゆっくりゆっくり大きく、渦の周りを1周していきます。そして多くの小舟は、1周するかしないうちにその渦から離れていきます。そうです。せっかく太極拳の練習を始めても、1つの套路を習い終わらないうちに興味を失って、その練習をやめてしまいます。

渦の周りを何度か回るうちに、小舟は次第に渦の中心に吸い寄せられていきます。それまで気づかなかった中心に向かう回転を、次第にはっきりと感じられるように

太極拳という巨大な渦の中心に吸い寄せられたら…

なってきます。そうなると、小舟はもう、渦の周りから離れていくことはないでしょう。何か不思議な魅力を感じて、ただ、日々淡々と渦の周りを回るのです。

渦の周りを飽かず巡るうちに、次第に靄が晴れて「視界」がはっきりしてきます。小舟はとても強い力に吸い寄せられているのを感じてくるでしょう。そうなれば小舟は、もうこの大渦から逃れることはできません。次第に高まってくる「渦の回転運動」に魅せられてしまいます。

さあ、この先、その小舟はどうなっていくのでしょうか？ ある時、小舟は「大渦」に飲み込まれるのです。しかし、それは決して終わりではありません。小舟は渦の求心力に吸い寄せられて、不思議な「海の底」に降りていきます。そして、静かに浮かび上がってきます。その小舟は渦を自在に乗りこなせる力を得たのです。

さあ、あなたは、その大渦からすぐに離れてしまう人ですか？ それとも、すでにその「求心力」に捕らえられて、渦から離れられなくなってしまった人でしょうか？

様々な種類がある太極拳

一言で「太極拳」と言っても、実に多くの種類が存在しています。これが同じ太極拳なのかと疑いたくなるほどに、各々の太極拳は、外見的に差があります。これから太極拳を学ぼうとする人は、どれを選べばいいか迷ってしまうことでしょう。

実際のところ、太極拳を学び始める人は、たまたま入会した教室が「○○式太極拳」だったとか、気がついたらある特定の太極拳套路を習い始めていた、という人がほとんどでしょう。全ての種類の太極拳套路を理解して、自分の意思で1つの套路を決めたという人は、なかなかいないでしょう。

また、どんなに物覚えのいい人でも、頑張り屋さんでも、全ての套路を学んだという人もいないはずです。

興味のある人なら、様々な太極拳についての知識を学ぶことはできるでしょう。しかし、太極拳を「体得」するためには、最初は、まずどれか1つの套路を選ばなくてはいけません。道を歩もうとする時は、必ず1つの道を選択しなければならないように、太極拳を学ぼうとする人はどれか1つの「太極拳套路」を選択するべきです。

それは、教わる先生についても同じです。同時に2人以上の先生から学ぶと、たとえ同じ種類の太極拳でも、学ぶ人は迷ってしまいます。

太極拳に関して、その人なりに、ある一定の理解が得られるまでは、どれか1つの太極拳套路を、信頼できる1人の先生に学ぶ必要があるのです。

なぜかというと、それぞれの太極拳は、表面的な教えが、微妙にまたは大きく異なっているので、まずどれか1つに決めないと、どれも中途半端に終わってしまうからです。

太極拳には様々な流派の套路がありますが、どれか1つが「正」しくて、他は「誤」りであるということはありません。全ての種類の太極拳は、それぞれ「完璧な太極拳」なのです。そして「全ての太極拳に共通の法則」があります。

どんな太極拳を学ぶ人も、「全ての太極拳に共通の法則」を追求し、理解する必要があるとは思いませんか？　現在は、このような理解が不足しているように思います。

ともあれ、太極拳にはどのような種類があるのかを、ざっと見ていきましょう。

太極拳の種類を見る

太極拳の種類は、まず大きく次の２つに分かれます。

①伝統拳
②制定拳

伝統拳とは、古くからある伝統流派の套路です。伝統拳は、次の五大流派が有名です。

①陳式太極拳
②楊式太極拳
③呉式太極拳

④武式太極拳
⑤孫式太極拳

・**陳式太極拳**

陳式太極拳は、中国河南省温県、陳家溝在住の陳氏一族を中心に伝承されています。各流派の中で最も歴史が古く、太極拳の源流であるとされています。

陳式以外の太極拳が終始ゆっくりと柔らかく動作を行うのに対して、陳式太極拳は強い発勁を伴った跳躍動作や、震脚、拳を打ち出す動作などが、ゆっくりした動作の中に挟まれており、纏絲勁《てんしけい》と呼ばれる、腕や足のひねりの動作が全ての套路に編み込まれています。

・**楊式太極拳**

楊式太極拳は、楊露禅《ようろぜん》によって創始されました。陳家溝で陳式太極拳を学んだ楊露禅が、北京で教え、文人たちの間に広まりを見せました。その拳は非常に柔らかな動きで、「綿拳」あるいは「化拳」とも称されたと伝えられています。

その息子の楊健侯《ようけんこう》、孫の楊澄甫《ようちょうほ》によって柔一色の太極拳に改変されていきました。動きが伸びやかで、動作にムラがなく、現在、世界中で最も多くの実践者が存在しています。

・呉式太極拳

満州族の呉全佑《ごぜんゆう》父子が、楊式太極拳を元に編み出しました。前傾姿勢、平行な足、ゆっくりと細かい動きが特徴です。重心の移動がはっきりしています。

・武式（郝式《かくしき》）太極拳

河北省出身の武禹襄《ぶうじょう》が、楊露禅について太極拳を習い、その後、河南省温県で技を磨き、一派をなしました。動作が簡潔素朴で、きめが細かいのが特徴です。武禹襄は、太極拳の理論化に多大な貢献をしたとされます。

・孫式太極拳

形意拳と八卦掌を習得していた孫禄堂《そんろくどう》が、武式太極拳を伝承され、形意拳と八卦掌と太極拳を1つに集約して再構築し、創始したのが孫式太極拳です。

「活歩」と呼ばれる歩行法に特徴があります。動作の多くは、両手の「開合」でつなげていきます。そのため、「活歩太極拳」または「開合太極拳」と呼ばれています。

複雑で長い套路

以上が五大流派の太極拳です。これらは伝統拳と呼ばれていて、古くから伝えられてきた套路です。ただし、各流派の太極拳は、これが同じ「太極拳」なのかと疑ってしまうくらい、それぞれ動作に大きな違いがあります。

また、一通り練習するだけで30分以上かかってしまうような、長くて、繰り返しの多い套路ばかりです。

最初に太極拳を学ぼうとするビギナーが、套路はこのように複雑だと知れば、学ぶ意欲がそがれてしまうかもしれません。

さらに細かな区分

太極拳の源流といわれる陳式太極拳には、さらに「大架式」「小架式」という区分けがあります。「大架式」は平円の動作を重視しており、「小架式」は立円の動作が重視されています。

また、「老架式」と「新架式」という分類もあります。「老架式（大架式）」は陳式太極拳の故郷、陳家溝の多くの村人が古くから練習している太極拳です。それに対して、「新架式」という動作の小さな套路もあります。この套路は陳有本《ちんゆうほん》によって作られた套路です。

それとは別に、近代になって陳発科《ちんはっか》によって北京で広まった別の「新架式」と呼ばれる套路もあります。北京の人々が陳発科の表演を見て、これまでの陳式太極拳と大きく異なる形に驚き、自分たちが知っていた套路を「老架式」、陳発科の套路を「新架式」と名付けたようです。この「新架式」と先の陳有本による「新架式」は、全く違うものです。


また、呉式太極拳には、動作の特徴による区分けも存在します。

例えば、「円架式」「方架式」という区分けがあります。円を描くように動作するという印象がある太極拳ですが、「方架式」はまるでロボットが動くように、四角く動いていく套路なのです。

さらに、「快拳《カイチエン》」と「慢拳《マンチエン》」という区分けがあります。太極拳といえば、一般にゆっくり動作するものという印象がありますが、快拳は素早く動作を行う套路です。

その他にもさらに細かい区分けがありますが、太極拳の研究者を目指すのでなければ、これ以上深入りする必要はありません。

各流派に共通の基準は？

現在は、こうして非常に多くの太極拳が共存しています。各流派に共通の「基準」はあるのでしょうか？ そう、ＪＩＳ規格のような、全ての流派をつなぐものはないのでしょうか？ 現状を見る限り、そのような基準は存在しないのではないかと思えます。

こうした混乱が生じた原因は、それぞれの太極拳が「伝統武術」という非常に閉鎖的な社会で作り出されたもので、それぞれの流派が「協議」するということが許されなかったためでしょう。今こそ、各流派の太極拳の「基準」を見出す努力が必要ではないかと思われます。

とはいえ、そのような試みが全くなかったわけではありません。すでに半世紀ほど前に、五大流派の代表が北京に集まり、協議して、新しい套路を作り出しました。それが「簡化24式太極拳」、つまり「制定拳」です。「制定拳」は、それぞれの流派の代表者の歩み寄りによって作り出された太極拳であるといえます。

制定拳とは

簡化24式太極拳は「制定拳」と呼ばれ、50年ほど前の毛沢東政権の時代、「人民の体位向上のために、中国全土に太極拳を普及させよう。古くからある伝統拳をシンプルにまとめなさい」という毛沢東の指示の下、伝統拳の五大流派の代表が北京に招聘され、李天驥《りてんき》老師を中心に協議して套路が編成され、1956年に発表されました。

つまり、「制定拳」は中国政府（国家体育運動委員会）が新しく制定した太極拳套路なのです。「簡化24式太極拳」が制定拳の第1号であるというわけです。

それ以降、国家体育運動委員会は、48式、88式など、多くの制定拳を発表しました。

また、その表演用の音楽も作り出されました。

表演用音楽は、それに合わせて練習していくと太極拳の霊活なリズムを感じ取ることができ、踊るように動く楽しさが得られます。

規定太極拳とは

「規定太極拳」というのは、太極拳の大会のために特別に編成された、各国共通の国際ルールに従った太極拳です。これらの太極拳は、大会に出場する人以外にはあまり関係がありません。

①総合太極拳（42式）
②陳式規定太極拳（56式）
③楊式規定太極拳（39式）
④呉式規定太極拳（45式）
⑤孫式規定太極拳（73式）

単鞭もこんなに違う

それぞれの太極拳は、実際にどれだけ違うものなのか、簡化太極拳、陳式太極拳、呉式太極拳の套路の中の「単鞭《たんべん》」をイラストで比べてみましょう。

図1―1は、多くの人にとって馴染みのある「簡化太極拳」の単鞭です。楊式太極拳でも、ほぼ同様の形です。

単鞭の違い

図１―１
簡化太極拳の単鞭

図１―３
呉式太極拳上海架式の単鞭

図１―２
陳式太極拳新架式の単鞭

次に、図1―2は、私が師匠より受け継いだ陳式太極拳83新架式（上海架式）の単鞭です。もしかすると、陳式を知っている読者は「これが陳式の単鞭？」と意外に思われるかもしれませんね。

図1―3は、やはり私が学んだ呉式太極拳上海架式の単鞭です。

以上の3つの単鞭は、明らかに違いがあります。

3つの単鞭に共通なのは、右手が「鈎手《こうしゅ》」で、左手が「掌《しょう》」を取っているということです。しかし、その鈎手も、掌の形も、よく見るとそれぞれ微妙に異なっています。

さて、どれが正しいのでしょうか？　……もちろん、どれも正しいのです。そのあたりは、後で詳しく説明していきます。

太極拳の種類が多い理由

太極拳の1つの流派を作った老師には、必ずその師匠が存在します。例えば、Aは、X師匠から「X太極拳」と呼ばれる套路を受け継ぎました。

Aの同期には、X師匠から同じ太極拳を学んだ、2人の仲間がいました。その仲間の1人であるBは肥満体で大らかで細かいことにこだわらないタイプ、もう1人のCは痩せ形で思索家タイプ、そしてAは筋肉質で「闘争」を好むタイプだとします。

肥満体で大らかなタイプのBが、X師匠から学んだ太極拳を練習していくと、その体質にあった大らかな表現にならざるを得ません。痩せ形で思索家タイプのCは、同じ套路をその体質に合った形、理論を重視した形に変えるでしょう。筋肉質のAとはそれぞれ違った形になっていきます。

長い修練の結果、この3人の太極拳の理解や動作は次第に変化していきます。

3人はやがて、それぞれ独自に教室を持って太極拳を教え始めます。B老師も、C

老師も、X師匠から教わりましたが、同じ太極拳とは思えないほど2人の太極拳は風格が変わってしまいました。同じX流派の太極拳もこうして枝分かれしていきます。

そしてAは、X師匠から離れて長い自己修練の結果、個人的に理解した内容や、他の師匠から学んだ技術を套路に加え、闘争的な技術を押し出し、「X太極拳」とは外形的に異なる太極拳を「創始」することになりました。Aは、新しく工夫を加えて改変したその太極拳を生徒に教えました。生徒はその太極拳を師匠の名前にちなんで「A太極拳」と呼び始めます。

Bは、形が変化したにもかかわらず、自分の教える太極拳を「X太極拳」と呼びました。

Cは、やはり形の変わった套路を自分の生徒に教え、それを自分の名前にちなんで「C太極拳」と名付けました。

こうして、同じX師匠から同じ太極拳を学んだ3人は、三者三様の太極拳を生み出す結果になり、その結果、1つの太極拳が多様な太極拳として、社会に受け入れられていくのです。

肩幅の定義とは？

太極拳は本来、1つの教えであるはずです。しかし、現実的に言えば、多くの流派、多くの教室、教える先生によって、太極拳の形は多種多様で、太極拳で用いる言葉の意味もまちまちであるといわざるを得ません。

たとえば、「足を肩幅に開きましょう」という先生の指示で、生徒が足を開いたところを見ると、足の開き方はまちまちです。

ある人は、両足の内側に「肩幅分の開き」を取って立ちます。またある人は両足の外側が「肩幅分の開き」に合うように立ちます。

さあ、どっちが正しいでしょう？

昔からの教えでは、両肩のツボ「肩井穴《けんせいけつ》」と両足の裏のツボ「湧泉穴《ゆうせんけつ》」を垂直につないだ立ち方なのです。厳格に指導する老師は、そのようにしっかりと定義して教えます。

そこまで厳格に定義しなくても、両足の間に「一足分」の間隔を取って立つ、と考えてもいいでしょう。このほうが、より実際的でしょう。

私たちは、様々な太極拳の表面的な違いを見るだけではなく、もっとその奥にある共通の法則について理解していくべきではないでしょうか。

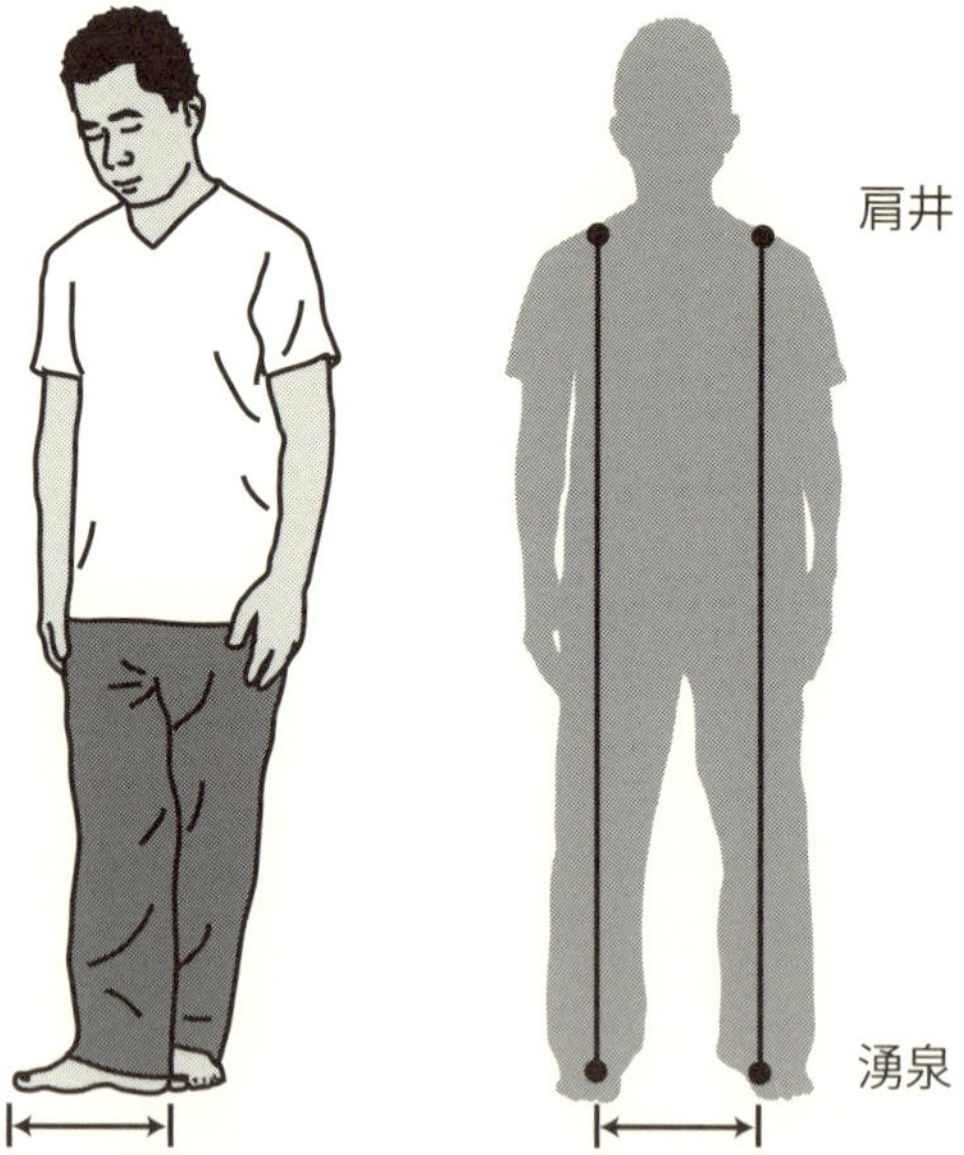

足を肩幅に開くとは?

太極拳の基準

太極拳の基準には、実ははっきりとしたものがあるのです。ただ、これまで太極拳の練習者がそれを「教わらなかった」か、興味がなくて「無視した」か、または先生も「よくわからなかった」か、面倒臭くて「故意に隠した」か……。

水戸黄門のドラマの最後は、いつも決まって格さんが「これが目に入らぬか！」と印籠を悪代官につきつけます。すると悪代官は「ハハー！」と観念して、神妙にお縄につきますね。

その「印籠」のような、どの流派の太極拳でも絶対に無視できないものがあります。さあ、なんでしょう？　そうです、それは「太極マーク」です。

太極マークが全流派に共通の基準なのです。といっても、このマークをいくら見つめても、わかる人以外はさっぱり検討もつきませんね。

太極マーク（上記は、陰が下の「先天の太極図」）

太極マークと天地人

では、太極マークについて、簡単に説明していきましょう。

王宗岳の「太極拳経」という太極拳のバイブルとも言われる書物の冒頭には、次のように書かれています。

「太極は無極から生じ、動と静のはじめ、陰陽の母である。動けばすなわち分かれ、静まればすなわち合す。過ぎること及ばざることとなく、曲に随《したが》い伸に就く」

……と、訳文でも少し頭の痛くなる文章が続きます。

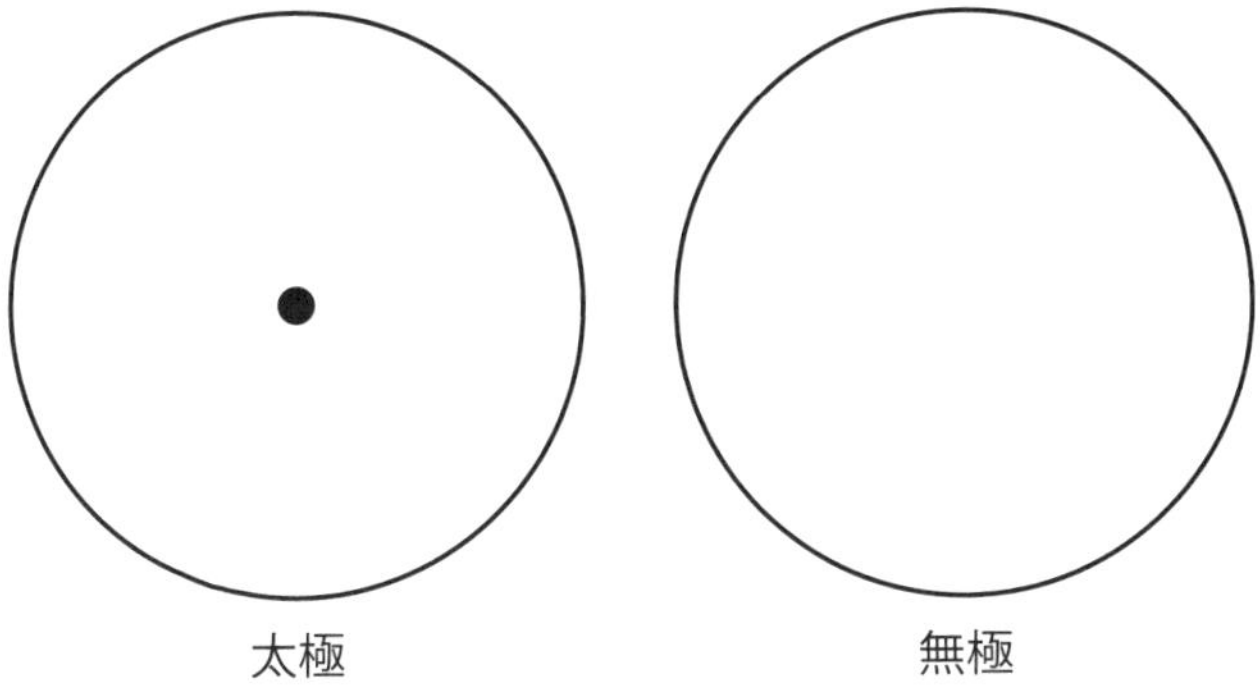

「太極は無極から生じる」という説明を図形で表現すれば、どうなるでしょう。そのためには、この太極マークを解体しなければいけません。完成された太極マークは一旦忘れて、「無極」と「太極」を図形で表現してみましょう。

「無極」は、ただの丸で表現されます。「太極」は、その丸の中心がはっきり示されます。この２つの図形を実際にコンパスで描いてみてください。どうでしょう、わかってきましたか？　ご安心ください。これからご説明します。

「無極」と「太極」を人体で表すと、次ページ図１―４と図１―５のようになります。さらに、図１―６のように円の中に２つの円を内包させて「太極」

図1―4

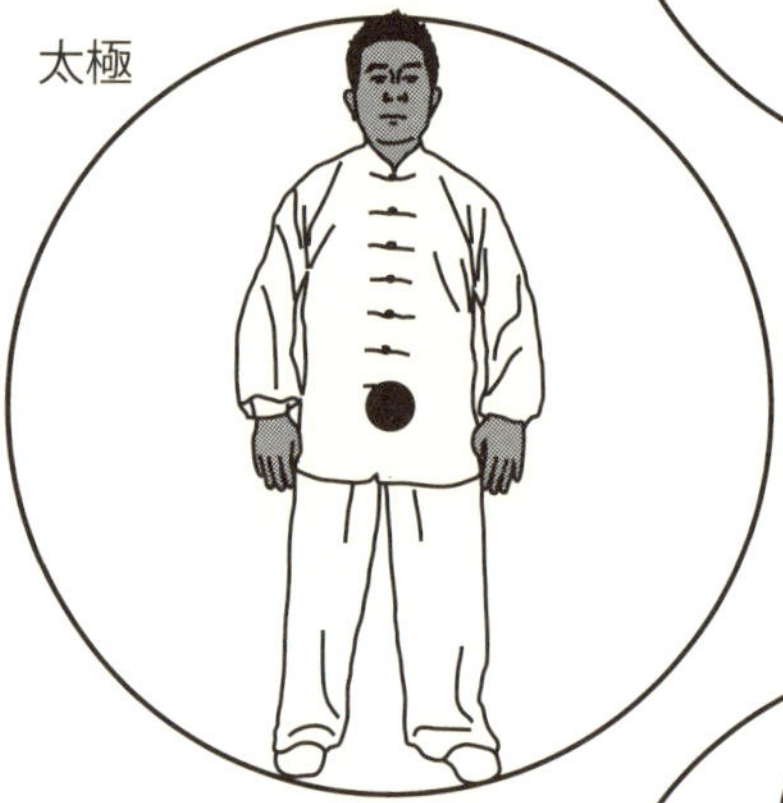

図1―5

図1―6

を表すこともできます。このほうが太極の状態を詳しく表しています。小さな2つの円は上が「天」を表し、下が「地」を表します。つまり、太極は「天と地」が一体になった状態なのです。しかし、「無極」はその太極の母なのですから、「無極」の中にすでに「太極」が潜在しているのです。

静のトレーニング

「太極」の状態は「太極椿《たいきょくとう》」で表されます。一般的に、次ページ図1―7のような立ち方を、練習の最初に数分から数十分、練習するのです。

「太極椿」は、別名「三円式站椿功《さんえんしきたんとうこう》」とも呼ばれます。そう呼ばれる理由は、この站椿功が図1―7のように天を表す円と、地を表す円、そしてその2つをまとめ上げる大きな円の3つの円で表現されるためです。

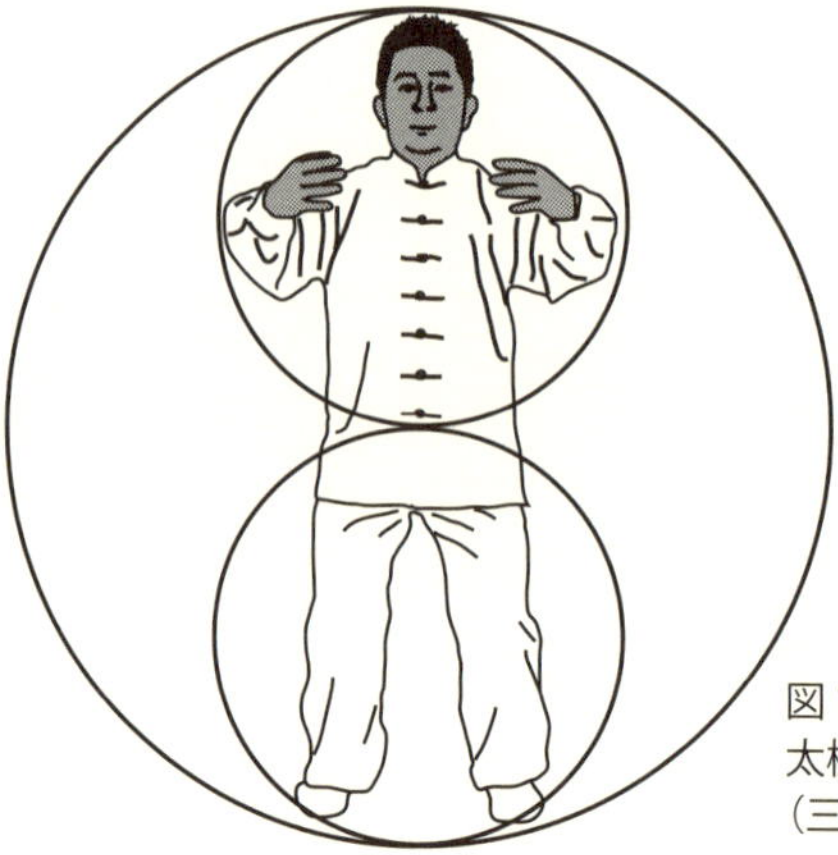

図１—７
太極椿
（三円式站椿功）

さらに樹を抱えて立つという意味の「抱樹樁」、または球を抱える「抱球樁」というように異なる名称で呼ばれることもあります。

その練習を一定期間休みなく練習することで、「太極」を理論ではなく、自分の身体を通して理解することができるのです。

この実践なしに太極拳の套路を学んでも、内容のない表面的な理解しか得られません。ですから、「太極樁」は太極拳のとても重要な練習方法です。古い時代の厳格な老師は、最初の3年間は太極拳志願者に套路を教えず、毎日一定の時間、この站樁功だけを練習させたといいます。

全ての流派は、この点に関しては統一見解を取ります。

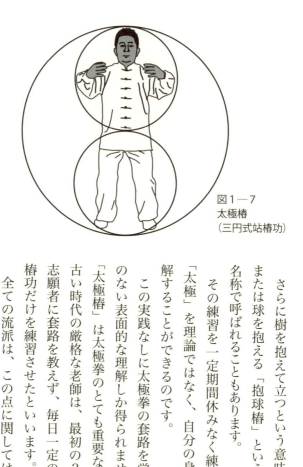

「氷山の一角」という言葉がありますが、氷山は、表面に出ている部分はただ1割の大きさで、水中に9割が隠れています。太極拳套路を学び、套路の動作を練習することはただ「1割」ほどの意味しかありません。大切なのは、「9割」の要素を持つ「静のトレーニング」を正しく学び、日々トレーニングすることなのです（この站椿功の実践法は、既刊『誰にも聞けない太極拳の「なぜ？」』でも詳しく説明しています）。

「静止力」を養う

両手を抱えるように丸くして立つ「站椿功」は、太極拳の大切な「静のトレーニング」ですが、おそらく、本気でこのエクササイズに取り組む人はごくごく少数派でしょう。それよりも、套路の動作を「覚える」ことに興味が向いてしまいます。

制定拳の「簡化24式太極拳」を学び、それを覚えた頃には、次に「48式太極拳」を学びたくなり、それを習い終えると、さらに、伝統流派の太極拳套路を習いたいと思うようになります。

誰でもその傾向を持っているのです。しかし、本当に太極拳を学ぶためには、やはり全ての流派に共通のこのトレーニングを無視してはいけません。

このトレーニングをすることで、「静止力」を養成できるのです。静止力こそが「功夫《カンフー》」です。

一般に「トレーニング」といえば、走ったり跳んだり、重いものを持ち上げたり、または体を様々にストレッチすることをイメージするでしょう。

じっと立ってどんな意味があるのでしょうか？　私が小学生の頃は、教室で出来の悪い子供には「廊下に立っていなさい！」という「お仕置き」がありましたが、そうではありません。動かないでじっと立つことは、大変素晴らしい効果をもたらしてくれるのです。

例えば、樹は動きませんが、石のように静止しているわけではなく、目に見えませんが生命活動を営んでいます。根を通して地面から水分を吸収し、葉は周囲の大気中のＣＯ２を吸収し、太陽の光を吸収し、光合成をして成長し続けているのです。

私たちも「静のトレーニング」によって、そのような植物のように成長できます。立つことによって、周囲の空間から「気」のエネルギーを吸収できるのです。

静止効果

樹ではない私たちにとって、じっと静止していることに、実際にはどんな効果があるのでしょうか？　それはまず、筋肉を鍛える効果です。

ただし、ウエイトトレーニングのようにして筋肉を鍛えるのとは違います。鍛える「筋肉」に違いがあります。

筋肉の種類は、次のように区分けができます。

①心筋

②平滑筋
③骨格筋

「心筋」は心臓そのものです。心臓は筋肉の塊なのです。しかし、この筋肉は鍛えることができません。

「平滑筋」は胃や腸などの内臓を構成しています。この筋肉も私たちの努力で鍛えることはできませんね。

残るのは骨格筋ですが、骨格筋には2種類あります。

①相性筋（白筋）
②緊張筋（赤筋）

相性筋は白い色をしているので、別名「白筋」と呼ばれます。様々なスポーツのトレーニングで鍛えていく筋肉です。この筋肉はトレーニングすることで筋繊維が肥大します。ボディビルで鍛えた体はこの筋肉が肥大しているのです。一度鍛えて肥大させると、すぐに衰えることはありません。

緊張筋は別名「赤筋」と呼ばれ、赤い色をしています。この筋肉は「インナーマッスル」または「コアマッスル」とも呼ばれます。私たちが動かないでじっと立っている時、座っている時に姿勢をしっかり保つ働きをしています。

「静止力」はまさにこの筋肉によるものです。そうです、「站椿功」は、この筋肉を鍛えるためのトレーニングなのです。太極拳の「技」は全て、この筋肉を利用しています。

この筋肉は働かせても肥大することがありませんが、使わないでいると筋繊維が消えていきます。ですから、短い時間でもトレーニングを「毎日」行うことが、「静止力」を発達させるために必要です。

相性筋優位の体を作り上げたスポーツマンは、20～30代をピークに、その能力が衰えていきます。それに対して、緊張筋優位の体を作り、身につけた「静止力」は、40代、50代、それ以降も、その人がトレーニングを続ける限り、どこまでも維持させることが可能なのです。

瞑想効果

座禅の教えでは、「無為自然」「只管打坐《しかんたざ》」という言葉があります。つまり、「自分があれこれ行動しないで、自然にひとりでに生じる働きを重視すること」、そのための方法が、「ただ、ひたすら座る」ことなのだと教えられます。

站椿功は、「座禅」に対して「立禅」と呼ぶことができます。また太極拳は「動禅」、つまり動く禅であると理解できます。

では「禅」とはどういう意味なのでしょうか？　「禅」はZenとして英語圏でも市民権を得ています。中国では「ディヤン」と発音します。この言葉は、インドのサンスクリット語の「ディヤーナ」が語源です。

「ディィ」はつなぐという意味、「ヤーナ」とは舟という意味です。ここでの「舟」は、人体を意味しています。つまり、「舟をつなぐ」という意味になります。荒波にもまれ続ける舟を「岸辺」にしっかりつなぐという意味です。舟は人体ですが、意訳すれば、「社会生活でストレスを受けて障害を受けやすい人体を、しっかり岸辺につなぐ」という意味になります。

では「岸」とはどんな意味なのでしょうか。しっかりと動かないもの、それは、仏教ではこの世を超えた「彼岸」であると教えますが、現代的、物理的に捉えれば、頭の中にある「脳幹（生命脳）」、古くは「泥丸《ニーワン》」です。

泥丸は日本では「でいがん」と読みます。中国では「ニーワン」と発音し、やはりこの語もインドのサンスクリット語の「ニルヴァーナ」が語源です。

頭の中に、人体を「静寂の境地」に導くことができる場所があるのです。この場所は自律神経の中枢です。

泥丸（ニーワン）

自律神経を調整する

ただひたすら、座るか、立つ姿勢を一定時間継続すると自然にその場所（泥丸）が働きだし、自律神経を調整できるのです。自律神経とは「交感神経」と「副交感神経」のことをいいます。

自律神経は、自分の意思とは関係なく、外界の刺激や情報に反応して、四六時中常に体の機能をコントロールしている神経のことです。私たちは手足を動かすことはできても、内臓を思い通りに動かすことはできません。内臓は自律神経が司っています。

仕事をバリバリこなして活動している時は、交感神経が活発に働いています。しかし、交感神経が働き過ぎると血圧が上昇したり、夜寝られなくなったりします。眠っている時には副交感神経が働き、体を休めます。朝起きると副交感神経から交感神経にスイッチされて、体が活発に働き始めますが、うまく交感神経が働かないと、朝起きられないとか、午前中は調子が悪いといった症状を引き起こします。つまり、それが自律神経失調症です。

現代日本人は、一億総自律神経失調症であるといわれたりしますが、自律神経は「泥丸」が働きだすとひとりでに調整され、正常化できるのです。このことは大切な理解ですが、あまり知られていません。

「泥丸」を目覚めさせることは、長い修行の結果としてようやく体得できることであって、私たち一般人には難しいことなのでしょうか？　いいえ、誰でも簡単に目覚めさせることが可能なのです。

「泥丸」は、簡単な呼吸法で開くことができます。呼吸をただ意識するだけでいいのです。

アナパーナサチ呼吸法とは

さあ、呼吸法を練習しましょうというと、「私、呼吸法は苦手です」と答える生徒が少なからずいるものです。それはおそらく、以前誰かに呼吸法を習った経験のある人でしょう。おそらく「腹式呼吸」を教わって、「はい、息を吸ってお腹を膨らまして、息を吐いてお腹をへこませましょう」という先生の掛け声に合わせて呼吸を練習して「呼吸法は苦しいもの」という先入観がついてしまっているのです。

確かに、普段は無意識に「自動運転」で行っている呼吸を「マニュアル操作」に切り替えるので、少し億劫に感じるかもしれませんが、ものは試し、やってみませんか？

ここで紹介するのは「アナパーナサチ呼吸法」です。「アナ」とは、サンスクリット語で吸う息のことです。吐く息は「アパーナ」と言います。「サチ」は観察するという意味です。これは、仏陀の時代からインドに伝わる素朴な呼吸法です。

・アナパーナサチ呼吸法のやり方

1．立っても座っても、どんな姿勢でもできます。注意を「鼻」に向け、ゆっくり吸います。その時、辺りがかぐわしい香りに包まれているとイメージしてみましょう。「いい香りだなあ」と感じながら、その香りが鼻腔から取り入れられます。鼻の奥を香りが通っていくと感じ、やや気道を広げようとして息を吸います。思いっきり吸わないで、軽くで良いのです。

2．次に、吸い込んだ息を吐き出しますが、お風呂の中で鼻歌を響かせるように、ゆっくり鼻から息を吐きます。お腹を膨らませたり、へこませたりする意識は必要ありません。

3．このようにして、5分間呼吸をしてみましょう。5分後には自律神経が調整されているでしょう。

「気」を呼吸する

呼吸は自律神経が司り、誰でも無意識のうちに行っています。呼吸そのものが苦手な人はいませんね。オギャーと生まれてから死ぬまで呼吸は続きます。私たちは呼吸で何を吸ったり吐いたりしているのでしょうか？　もちろん、小学校時代に習ったように「酸素を吸って、二酸化炭素を吐いている」のです。

しかし「『気』を吸い込んでいる」という理解は教わりませんでしたね。「気功」や「太極拳」で教える呼吸は、「気」という精妙なエネルギーも吸い込んでいるのです。この「アナパーナサチ呼吸法」、そして次の「五段階呼吸法」はまさに、そのための実践法です。

酸素は鼻から吸い込まれ、肺の中の肺胞という小さな袋の中で赤血球に吸収されて、動脈で全身の各細胞に運ばれます。そして、体の中で発生した二酸化炭素が静脈を通して肺に集められ、呼吸と共に体外に排出されています。

アナパーナサチ呼吸法では、酸素だけではなく、周囲の「気」のエネルギーも取り込みます。「気」は私たちの周囲の空間のいたるところに存在しています。酸素は肺の中に吸い込まれますが、「気」は頭の中の脳の中心にある生命脳「泥丸」に取り込まれ、強化されるのです。この部分には松果体という内分泌腺があり、「メラトニン」というホルモンが分泌されます。

それによって自律神経は調整され、「静寂の境地」を体験できるのです。それを「ディヤーナ」、すなわち「荒波にもまれていた舟が、静かに彼岸につながれた境地」と古の老師は教えたのでしょう。

3つの丹田

「泥丸」は上丹田とも呼ばれます。「丹田《たんでん》」は「気」を集める場所のことです。「丹」とは「薬」、「田」とは「場所」を意味します。つまり、薬のできる場所が「丹田」です。丹田には「上丹田」「中丹田」「下丹田」があります（図1―8）。この3つの丹田のそれぞれに「気」のエネルギーをチャージすることによって、心身に、様々な効果をもたらすことができます。

ちなみに、丹田とヨガのチャクラは同じものを指していますが、丹田は3つ、チャクラは7つです。数が異なるのは、捉え方の違いによります（図1―9）。

「気」をチャージするというと、とても高度で習得が難しい技なのかというと、そうではなく、至って簡単で、これまで説明してきたような呼吸法で簡単に取り入れることができます。

単に「注意を集中する」ことだけでも、「気」を集めることができるのです。

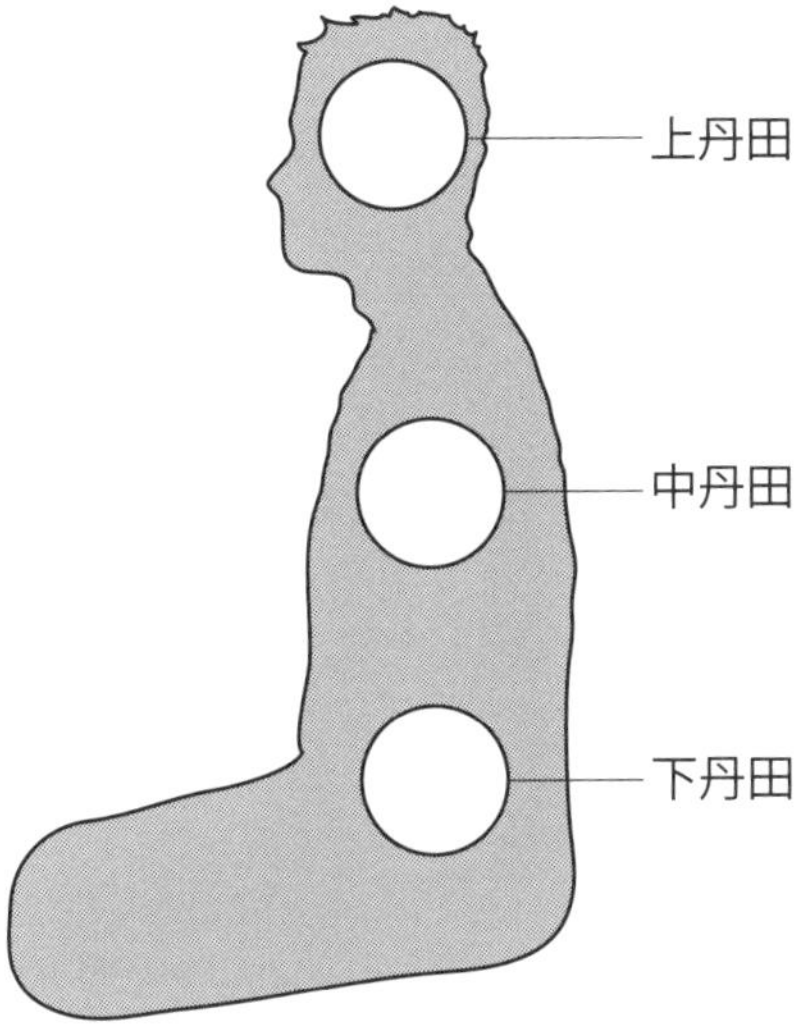

図１―８
３つの丹田

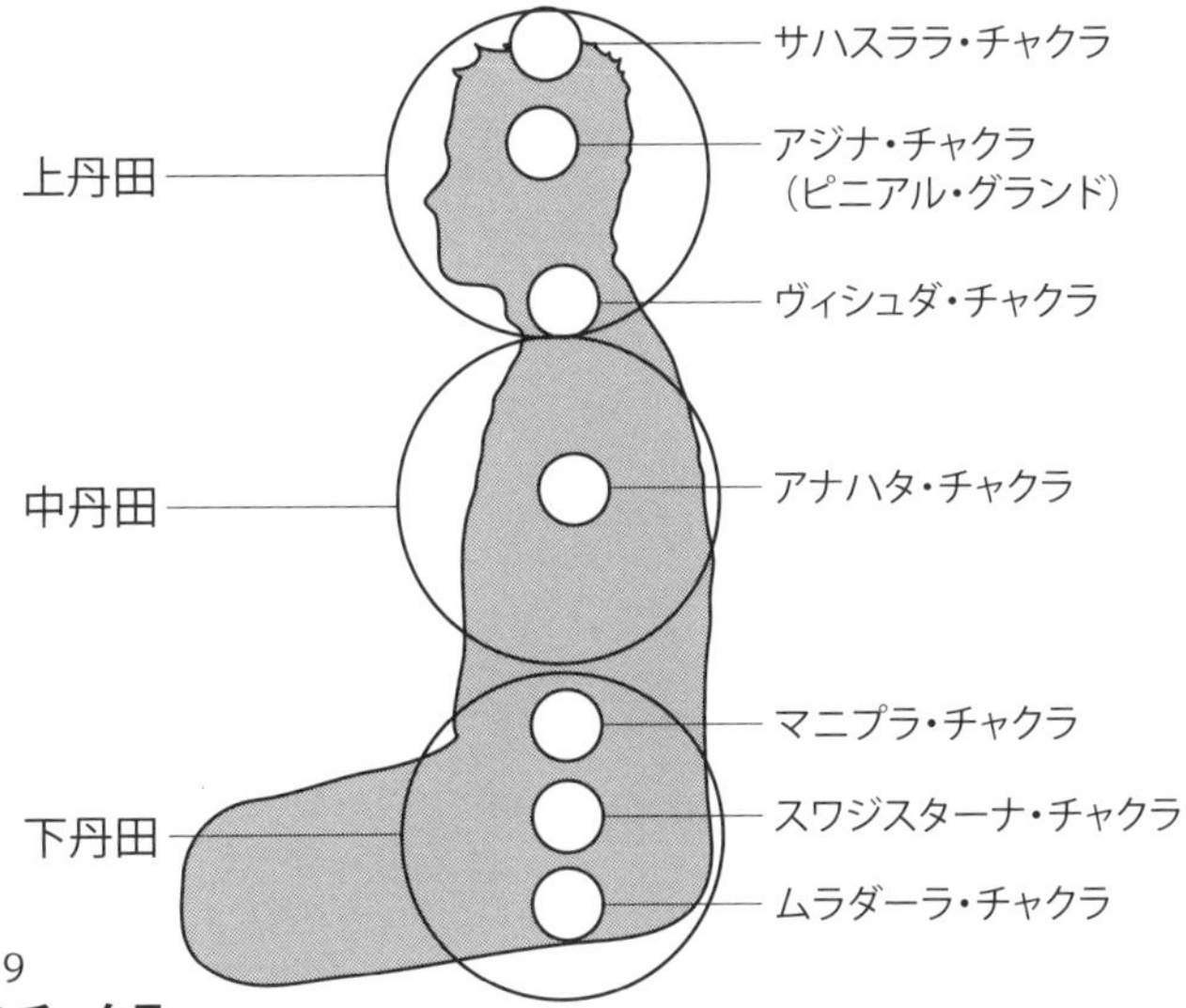

図１―９
７つのチャクラ

普段、日常生活では五感を働かせて、目で外界を見て、耳で音を聞いて生活していますので、外界に注意が向き、内面に「気」を集めることができません。「気」が集まらないと、私たちは「気」の存在に気づけません。「気」は意識的に集め、濃縮化されてはじめて、その存在に気づけるのです。

「気」という、目に見えない力をチャージするためには、「心の注意力」を「丹田」に向け、その状態を、じっと動かないで維持するのです。

五段階呼吸法

この呼吸法は「泥丸」で集めた「気」を残りの「丹田」に沈め、丹田の働きを目覚めさせます。

・第一段階

アナパーナサチ呼吸を行います（約3分）。この呼吸の段階で泥丸（脳幹）がしっかり働き、深い瞑想の境地を味わうことができるでしょう。

・第二段階

次に、喉にポイントを移動します。喉は頭部と胴体の接合点（Node）です。喉をやや広げるような気持ちで、第一段階同様にゆっくり吸って、息を吐く時も喉を意識して発声するように吐きます。喉にも「気」を吸収する場所があります。ヨガでは「ヴィシュダ・チャクラ」と呼ばれます。

喉では、「甲状腺・副甲状腺」から若返りのホルモンが分泌されます。

・第三段階

今度は胸の胸骨の奥に注意を向けて、その辺りに息を吸い込み、その辺りから鼻に向かって息を吐き出すようにします。この場所は、気功では「中丹田」と呼ばれます。

ヨガでは「アナハタ・チャクラ」と呼ばれます。

胸では、「胸腺」から免疫力を強化させるホルモンが分泌されます。肺胞も理想的に働き、血管を広げる働きをするホルモンが分泌されます。

・第四段階

今度はヘソの奥に注意を移し、同様にゆっくり呼吸します。この場所は「下丹田」です。ヨガでは「マニプラ・チャクラ」と呼ばれます。

息を吐く時はお腹がへこみ、吸う時にお腹が膨らみます。まるで、お腹の中にスポンジのようなものがあって、スポンジが小さくなったり大きくなったりするように感じてみてください。

お腹の呼吸では腸が十分に運動します。副腎という内分泌腺からはストレスに対抗するためのホルモンが分泌されます。

一般に、この段階が「腹式呼吸」と呼ばれていますが、ただ形だけ行っても、この五段階呼吸法による充足感を得ることは難しいでしょう。

・第五段階

こうして次第に体の下の部分で呼吸していき、次に最も下の部分、つまり、会陰部《えいんぶ》に注意を下げて、呼吸します。これは「会陰呼吸」とも呼べる呼吸です。

この呼吸の時は、息を吐く時に軽く会陰の骨盤底筋（ＰＣ筋）を意識して、すぼめるようにします。吸う時は会陰を緩めます。骨盤底にスポンジボールがあって、膨らんだりしぼんだりしているのを感じてみましょう。

この呼吸を行っている時は、鼻から吸い込まれる息がとても微かになっています。この呼吸は「胎息呼吸」と呼んでもいいでしょう。つまり、胎児がお母さんのお腹の中で浮かんでいる時の「無呼吸状態」に似ているのです。もちろん実際は、無呼吸状態ではありません。

会陰部に注意を向けることは、気功（やヨガ）を実践する時の最重要ポイントです。一般には会陰部は「出発点」で、頭頂部が「到達点」であると理解されているようです。しかし、そうではありません。

会陰部に「気」を沈めることで、「気のトラブル」を防げるのです。気のトラブルは「偏差」と呼ばれます。気功（102頁〜、「気」の実践法を解説）や瞑想を実践して「気」が過剰になることで生じる病気です。「気」は強化されると、頭上に上昇する傾向があります。そうなると、「気」を下げようと思っても思うようにいきません。また、この「偏差」はお医者さんでは治せません。日頃から「会陰部」に「気」を沈めるトレーニングをすることで、「偏差」を防ぐことができます。

意念だけで沈めることが難しい時には、良い方法があります。右手の人差し指と中指と薬指をそろえて、尾骨に当てるのです。その状態でしばらく待っていれば、右手の指先で「拍動感」を感じることができるでしょう。そうすれば、「気」は会陰部に下がってくるのです。この感覚は、練習を積むことで確かなものになってくるでしょう。この部分は長く集中しても問題はありません。

会陰呼吸では、性腺がホルモンを分泌し、全身の「強健さ」を作ります。

・五段階呼吸のエンディング

呼吸（瞑想）を終える時は、両手をこすり、両手で顔を何回かマッサージして目を開け、座って実践していたのなら立ち上がります。これで、瞑想から日常の意識状態に戻ることができます。

「天の中心軸」を理解しよう

さあ、ではまた、太極マークの原形を思い出してください。このマークを足元に置いてみましょう。そして、円の中心点を垂直に上に伸ばしてみましょう。この垂直線が「天の中心軸」です。「天の中心軸」とは私が独断で命名したものですが、その意味を理解すると、これこそが「太極拳の基準」であると納得できるでしょう。全ての太極拳をつなぐ「法則」とも考えられます。

さて、この円の中の垂直線に対して、どのように立てばいいのでしょうか？　この中心軸が、あなたの目と鼻の先にあるように立つのです。真理は目と鼻の先にあります。あなたは両手で大事そうに、その中心軸を抱えているのです。

「抱樹椿」の「樹を抱える」という教えは、まさにこのポイントを伝えるためのものでしょう。この「天の中心軸」が理解できれば、太極拳の様々な動作が、様々な流派の太極拳が、同じであると理解できるようになるでしょう。

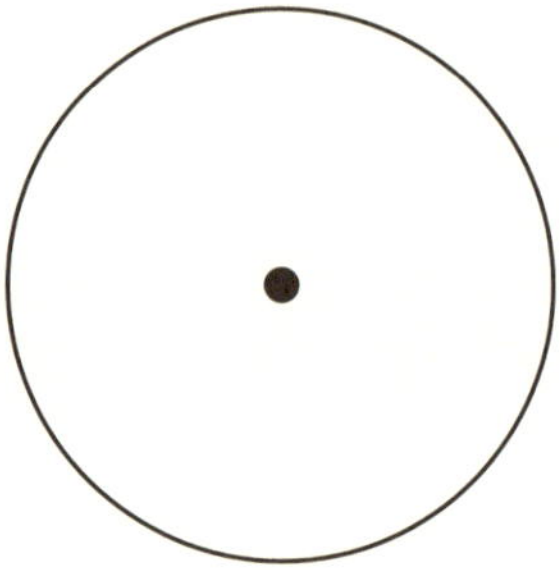
太極マークの原形

目と鼻の先にある、天の中心軸

自分は中心ではない

「天の中心軸」を練習する目的とは何でしょうか？　それは、「自分の体の中に中心軸はない」ことを理解するためです。

「太極拳は独楽《こま》である」という古い教えがあります。中心軸や正中線に関する説明は、多くの書物の中で見られます。それを読んで「そうか、軸を作ればいいんだ」と理解して、頭頂「百会《ひゃくえ》」と「会陰」をつなぐ軸を中心にして体を回転させるような動作を練習すれば、その人は「太極拳」を本当に理解することができません。どんなに練習しても「太極拳の強さ」は理解できないでしょう。

百会と会陰をつなぐ垂直軸は、「地の中心軸」と理解しましょう。この軸を中心に体を回しては、太極拳の全ての動作が「嘘」になります。その人は武術的な攻防の技をつかむことができません。

正しい動作は、「天の中心軸」の周りを「地の中心軸」が弧を描いて移動するように動作するのです。

「天の中心軸」が「太陽」、そして自分はその周りを回る「地球」であるという理解。ただこの1点を理解することが、第1章の最も大きな目的です。

天の中心軸に触れる

さあ、あなたの目と鼻の先にある「天の中心軸」に触れてみましょう。最初は、両手で優しく軸を包み込むようにします。両手をしっかり合わせてもいいですが、5センチくらい距離を離したほうが「気」の感覚がわかりやすいでしょう。目では見えませんが、その垂直の軸が動かないで、そこにしっかり存在しているとイメージしてみましょう。

この姿勢は、一見すると敬虔な仏教徒のように見えますね。胸の前で手を合わせる祈りの方法は世界中の様々な宗教が教えていますが、私は決して「信仰」を強要しているのではありません。

これであなたは、太極拳の練習を深めるための、確かな「基準」を手にしたのです。

「白鶴亮翅」の形になった！

この基準がしっかりつかめていれば、体重移動して右の足を「実の足」にすると、右腕は「天の中心軸に沿って上方に伸びていきます（図1―10）。

この右腕は「虚の腕」です。その時、左腕は「実の腕」になります。左腕は「天の中心軸」から離れますが、地面を押さえるようにして、しっかりした形になります（図1―11）。

図1―10

これを見て何かを思い出しませんか？　そうです、この形は「白鶴亮翅《はっかくりょうし》」の形とそっくりではありませんか！　つまり、これが種明かしです。太極拳の形はこうして作られているのではないでしょうか。

図1—11

真綿に針を隠す

しかし、先の図1—11は正確な「白鶴亮翅」ではありません。あまりにも「あからさま」すぎるのです。正しい形を取るには、この「天の中心軸」を隠さなくてはいけません。「太極拳」を表現する言葉として、「真綿に針を隠す」があります。正しい形は、この「天の中心軸」の周りを丸く抱えるようにするのです。

やはり古い教えで「天円相地方形《てんえんそうちほうぎょう》」という表現があります。簡単に訳せば、「天は

天は丸く、地は四角い

丸く、地は四角い」という意味です。「白鶴亮翅」の形は、右手で「球」を抱え、左手で台（立方体）を押さえるように形を取っているのです。全身も、大きな球の中にすっぽり収まります。

そうすれば、天の中心軸は隠れてしまい、それを理解している人以外にはわかりません。

太極拳の別名は「綿拳」と呼ばれます。太極拳の動作は、全体的な印象が綿の塊のようにフワフワとしていて、鋭く攻撃的なところがありません。しかし、一度敵の攻撃を受けると、鋭い針が飛び出してくるのです。そのような動作は、「天の中心軸」を隠した体から発せられる力なのです。それを「発勁」と呼びます。

天の中心軸はどこにある？

さあ、では「白鶴亮翅」の定式になった時、「天の中心軸」はどこにあるのでしょうか？　太極の姿勢から、体が左に回りましたね。

自分は中心ではなく「天の中心軸」が中心だと説明しましたが、実は、「天の中心軸」は不動ではなく、動くのです。「白鶴亮翅」の定式では、「天の中心軸」は目と鼻の先、両手の間にあります。

「開合」という教えがありますが、「白鶴亮翅」の定式では、両手は「開」になっています。体重は右足に乗り、実の足になっています。「天の中心軸」は、この右足のやや内側に降りています。

太極から白鶴亮翅へ

では今度は、簡化太極拳のいくつかの勢で「太極」の状態からの移動を見ていきましょう。太極の状態は站樁功の形です。両手の間に「天の中心軸」があります。

まず、「太極」から「白鶴亮翅」への移行です。

1. 最初に站樁功で立ち、全身に「気」のエネルギーを充満させます（図①）。

2. 体重を右足に移動し、左斜め方向を向きます。その移動に合わせ、右手は額の高さに上がり、左手は左太ももの上に移動し、左足のかかとをやや浮かせます（図②）。

3. その結果、白鶴亮翅の定式になります（図③）。

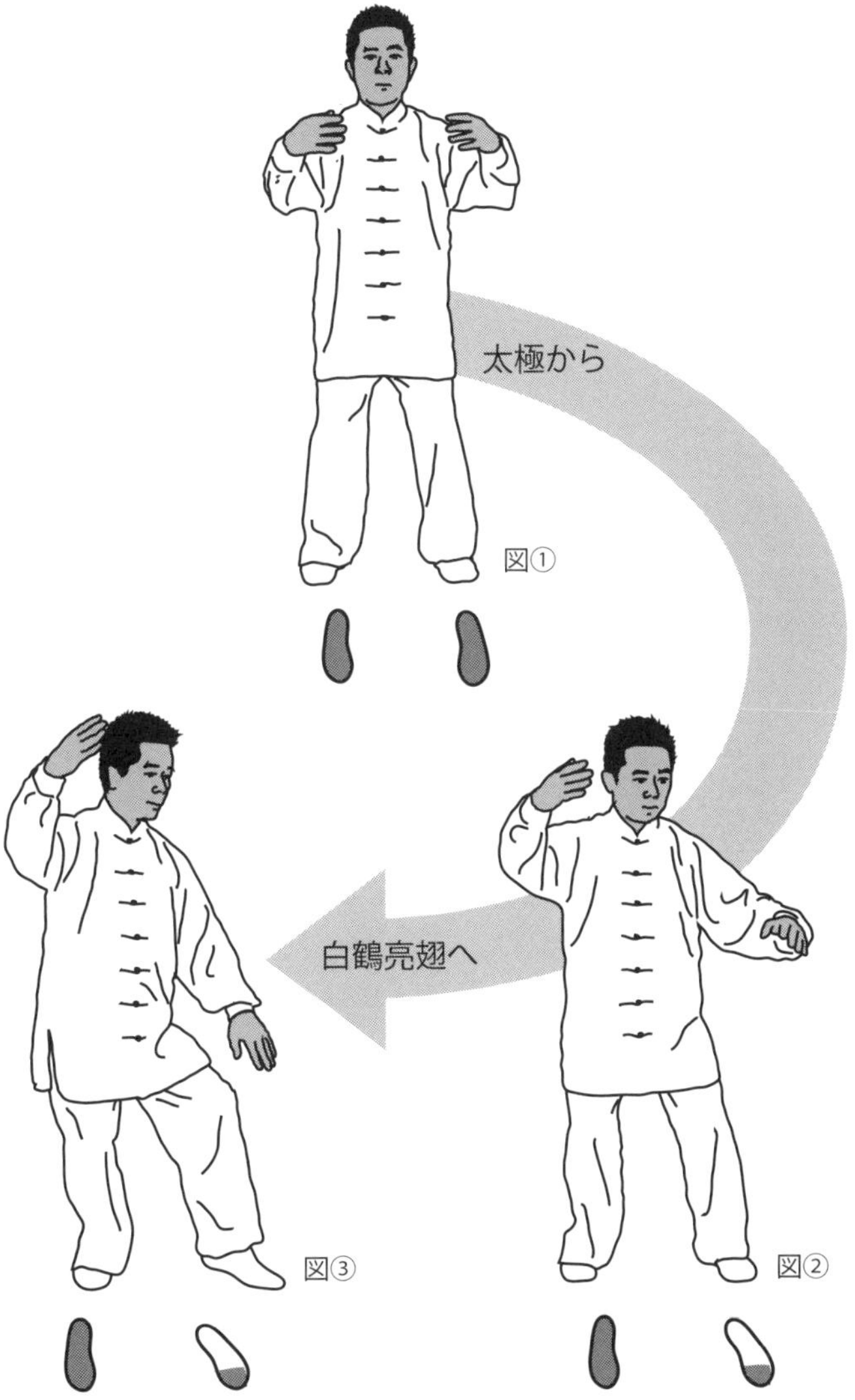
太極から
図①
白鶴亮翅へ
図③
図②

太極から野馬分鬃へ

次は、「太極」から「左野馬分鬃《ひだりのまぶんぞう》」への移行です。

1. 最初に站椿功で立ちます（図①）。
2. 次に、左足を左斜め30度に開き、左腕も同じ方向に開きます（図②）。
3. それから、右足のかかとを15度回します。これで、左野馬分鬃の形ができ上がります（図③）。
4. 左右を逆にして、右野馬分鬃の形も作ってみましょう。

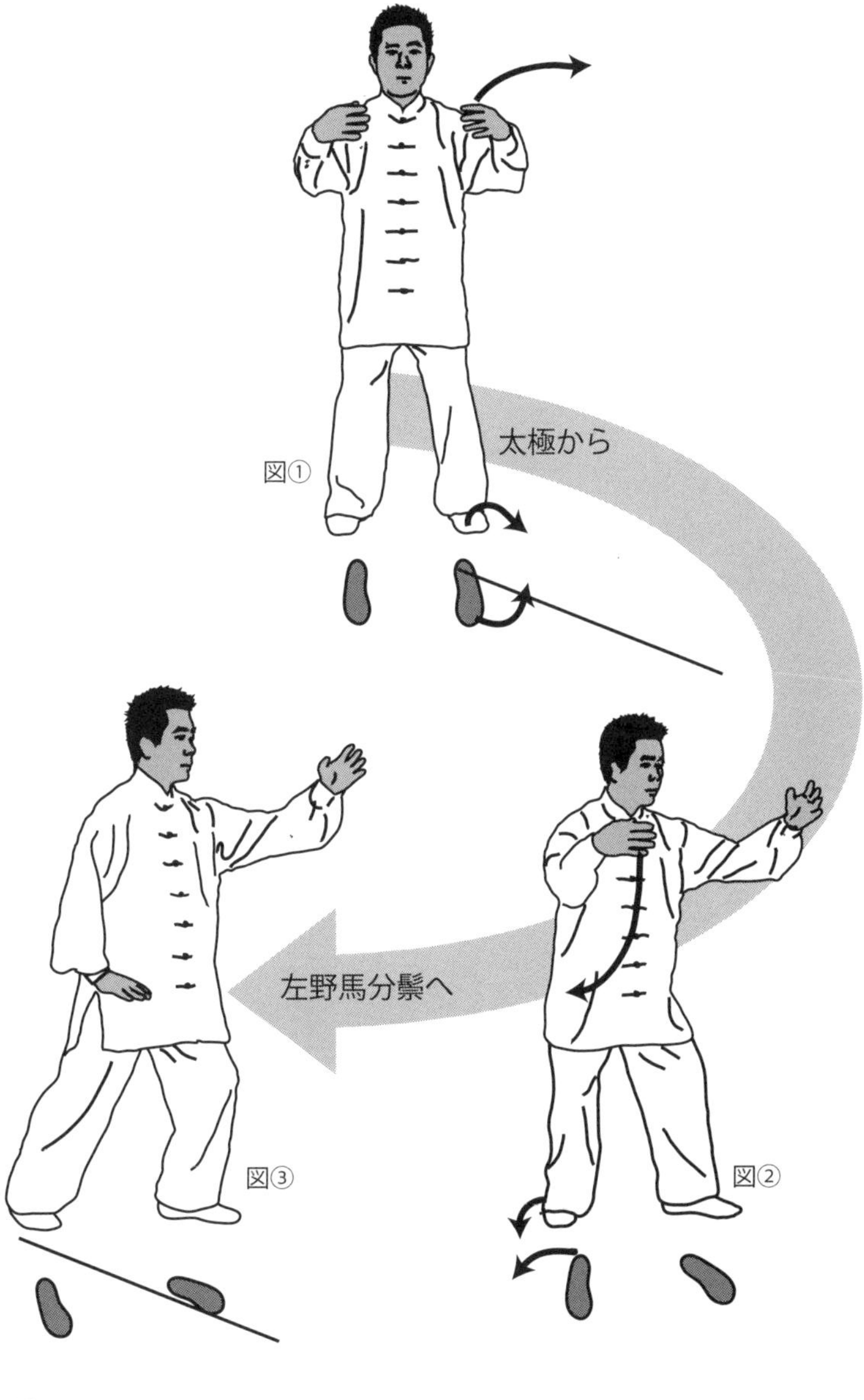
太極から
図①
左野馬分鬃へ
図③
図②

陳式から呉式へ

さて今度は、陳式太極拳新架式（上海架式）の単鞭から、呉式上海架式の単鞭をイコールでつないでみます。この陳式の形（図1—12）は、一般に知られている単鞭とは異なっていますが、私が師匠・兪棟梁老師から学んだ形です。

私は兪老師に学ぶ前から7年間、陳小旺《ちんしょうおう》老師の新架式を学んでいましたから、最初はかなり違和感を感じました。しかし長くこの套路を練習していくうちに、この左手首を反らせない形の単鞭が最も原型であると理解しました。つまり、太極の「站樁功」の状態から、両手の指先を前方に伸ばし、右手を拳に、左手は掌（陰掌）にした形なのです。

図1—12の形から体重を右足に6分かけ、上体を左斜めに向けます。同時に左手が左斜め前方に突き出されます。右手の鉤手もやや変化します（図1—13）。

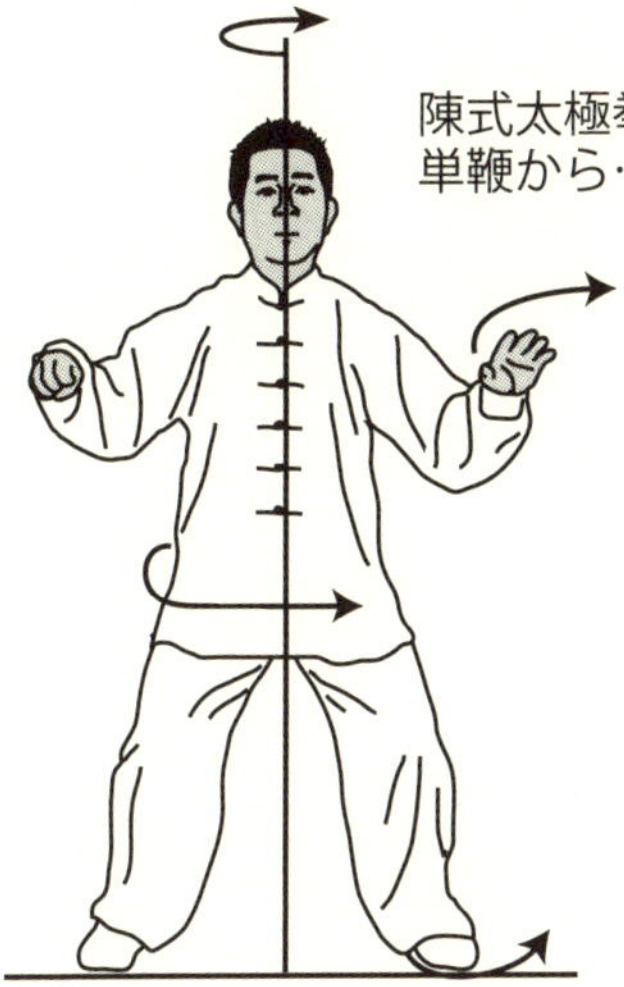
陳式太極拳新架式の
単鞭から…

図１―12

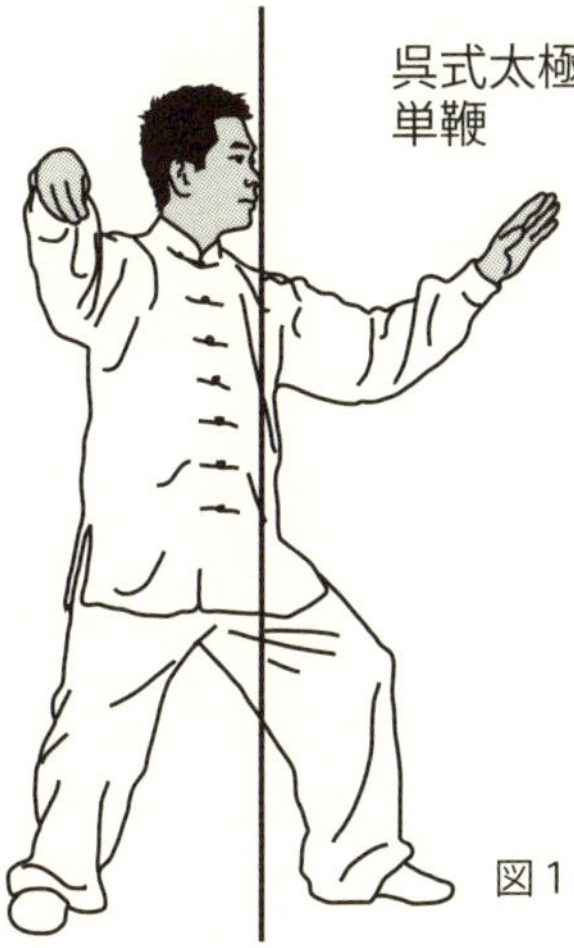
呉式太極拳上海架式の
単鞭

図１―13

呉式から簡化（楊式）へ

そして今度は、呉式から簡化に移行させせましょう（図1―14）。

呉式太極拳の形では、右足に体重が6割、左足に4割乗っていますが、その姿勢から体重を左足に移行させ、右足のかかとを蹴りだします。その右足を蹴りだす動作に対応して、右腕の「鉤手」が変化します（図1―15）。

簡化太極拳の単鞭は楊式太極拳と同じと捉えれば、なんと五大流派のうちの三流派の「単鞭」がイコールでつながることになります。

一般には、最後の簡化の単鞭が一番馴染み深い形ですね。逆説的ですが、陳式新架の単鞭が最も単純で、簡化太極拳の単鞭が最も複雑な調節が必要であるという結論になります。簡化太極拳は、決して単純ではないということになりますね。

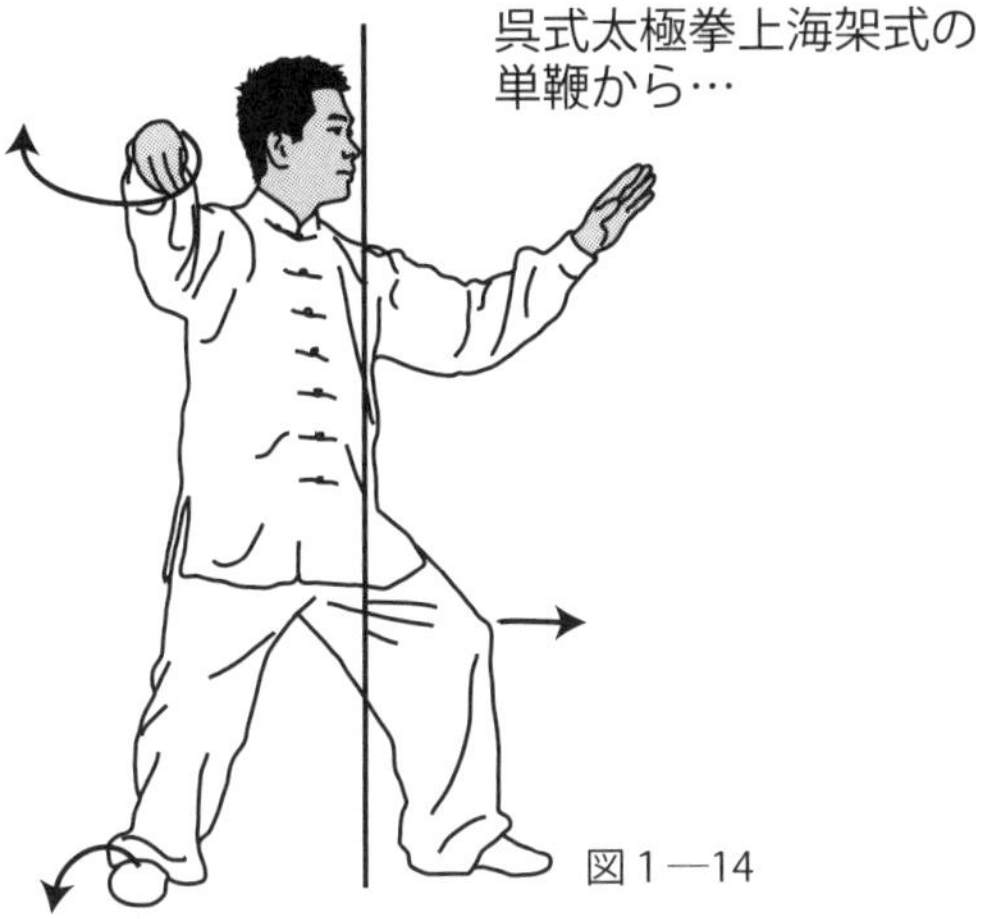
呉式太極拳上海架式の
単鞭から…
図１—14

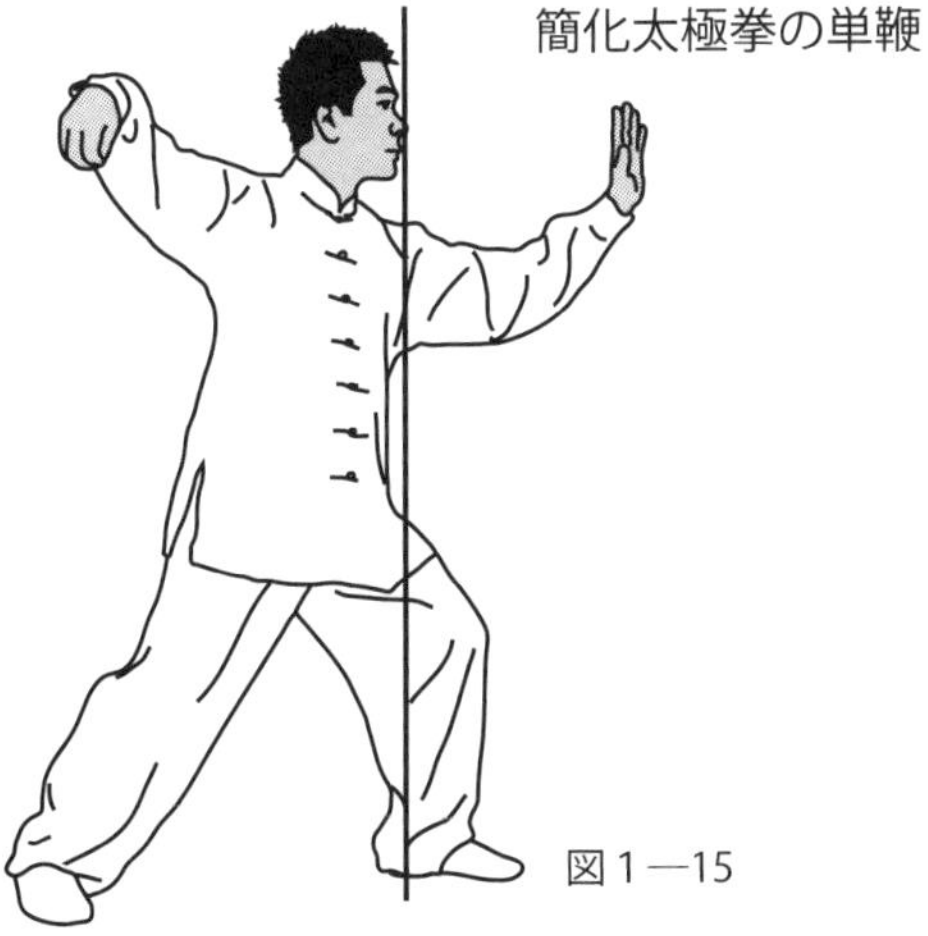
簡化太極拳の単鞭
図１—15

簡化（楊式）から陳式小架へ

簡化太極拳の形から体重をさらに左足に乗せ、上体をやや右に回すと、また全体の趣が変わってきます。この形は、陳式太極拳の小架式と呼ばれるものです。

図1—16

図1—17

「天の中心軸」を動かす

さあ、もう少し理解を深めていきましょう。「天の中心軸」の説明を読んで、おそらくあなたは太極拳の動作に生かそうとしてみたのではないでしょうか。しかし、「天の中心軸」だけでは太極拳の動作にはなりません。「天の中心軸」に沿って両手を動かすだけでは、正しい動作にはならないのです。では何が必要なのでしょうか？　イラストを見ながら実際に試してみてください。

まず、「天の中心軸」を両手で囲むようにして立ちます（次ページ図１―18）。それから、「天の中心軸」をさするように左手を上に伸ばし、右手を下に沈めます。右手は「天の中心軸」から離れていきます（図１―19）。この時点では、体重は両足の間です。

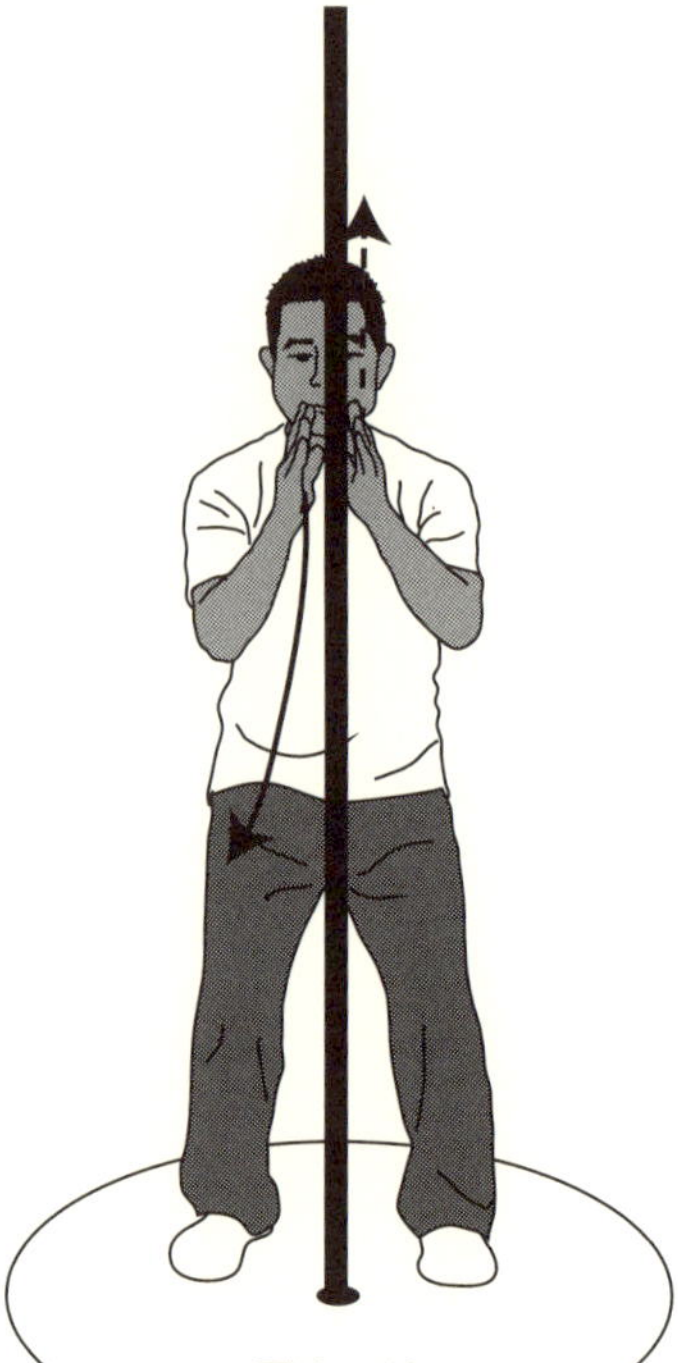

図１―18

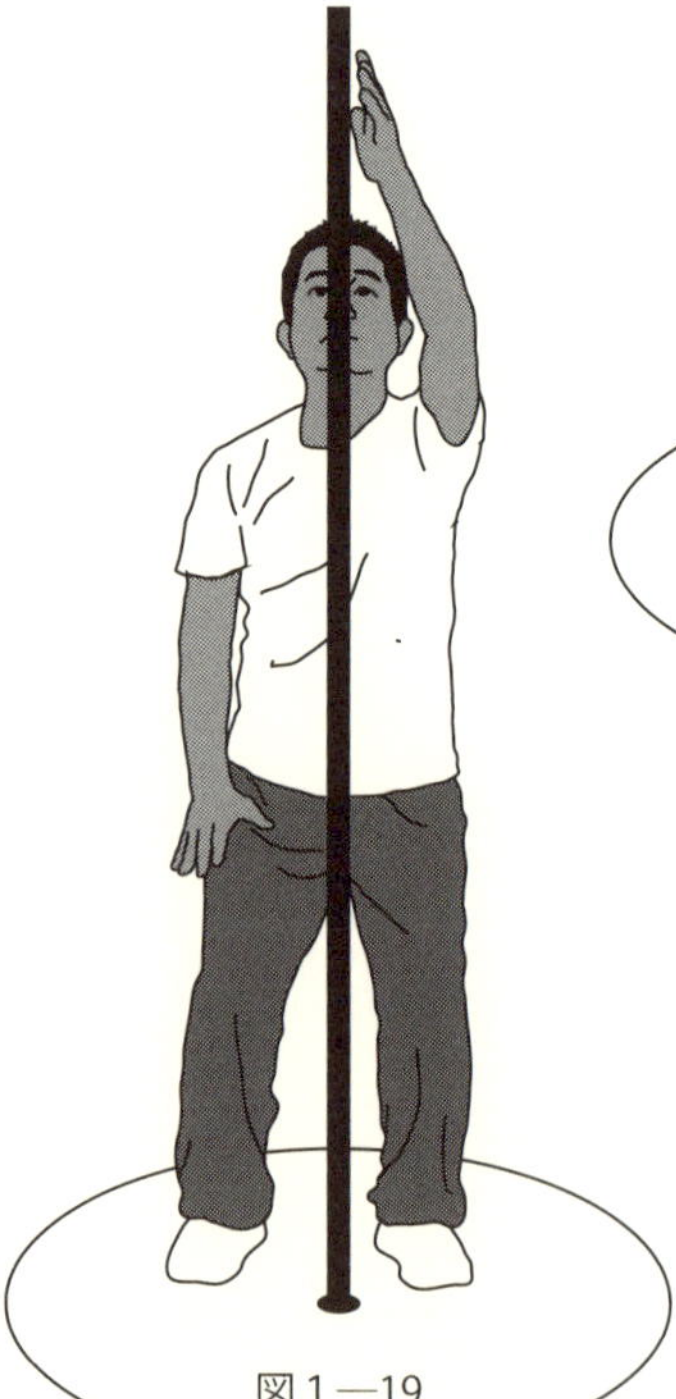

図１―19

「天の中心軸」が「陰の柱」になる

見えない「天の中心軸」をしっかり「視覚化」して、左手でその軸を右足のほうに動かします（次ページ図1―20）。

すると、左手で「天の中心軸」を押さえて、軸の下端は右足の裏の母指球の辺りにきます（図1―21）。

つまり、あなたは「天の中心軸」を動かしたのです。「天の中心軸」は不動ではありません。あなたの体重が乗っているところによって、位置が変化するのです。

そして、右足の母指球辺りに位置を変えたこの軸は、「陰の柱」と呼び名が変わります。私の勝手な呼び方ですから、現在のところ、知る人はごく少数です。別の老師は、別の名前で呼ぶかもしれません。

右足にしっかりと体重を移したら、右手は弧を描いて挙げていきます。左手は陰の

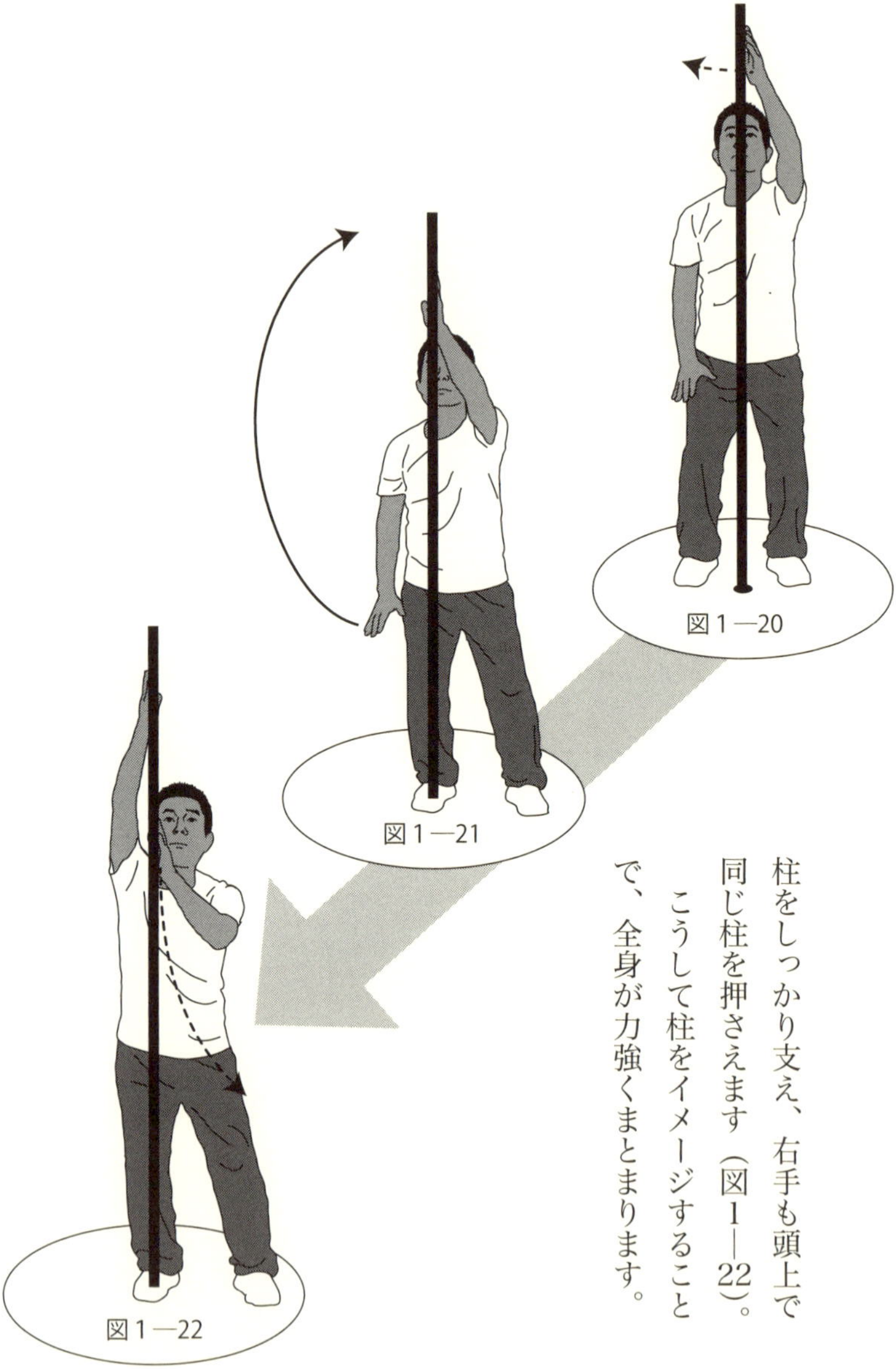
図1—20
図1—21
図1—22

柱をしっかり支え、右手も頭上で同じ柱を押さえます（図1—22）。

こうして柱をイメージすることで、全身が力強くまとまります。

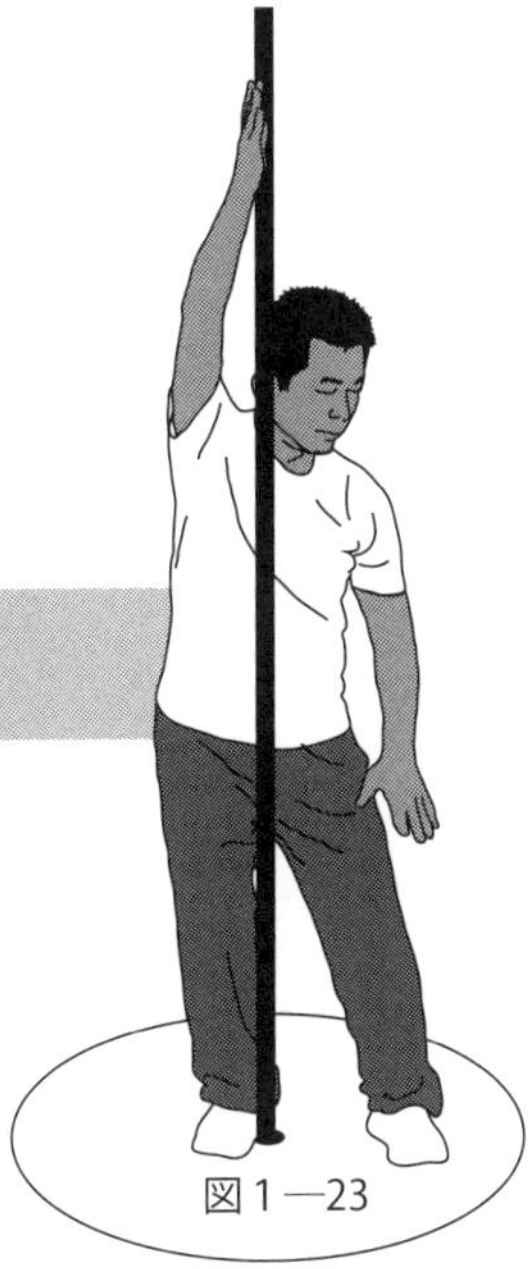

図１―23

←次ページに続く

「陰の柱」が「陽の柱」に変わる

次に、右手でしっかり「陰の柱」を押さえたまま、左手は柱を擦るように降ろし、弧を描いて柱から離して左太ももの前に降ろします（図1―23）。

さあ今度は、右手で「陰の柱」を右足の位置まで動かします。こうして、柱が左足まで動くと、柱は「陽の柱」と名前を変えるのです（次ページ図1―24、25、26）。

図1—24

図1—25

図1—26

■第2章■

「動」からみた法則

―「8」の字を描いて動く―

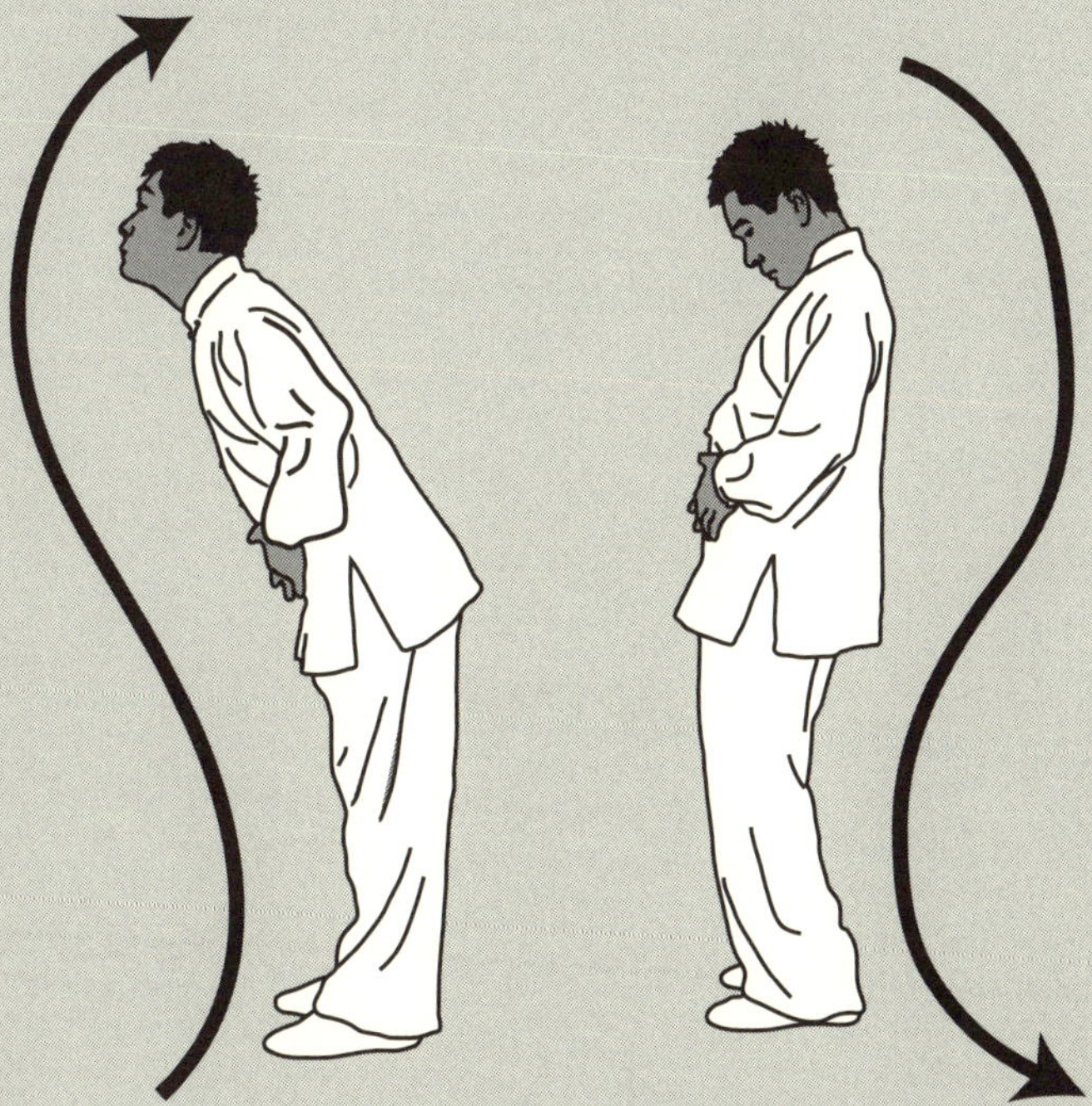

太極マークの悟り

代々木公園での練習の合間に、兪棟梁老師が「太極マーク」の重要性について話してくれました。

兪老師が若い頃、上海の邵永清《しょうえいちん》老師の生徒だった頃の話です。

ある日、兪老師は邵老師から「一度遊びに来なさい」と言われ、家に招かれました。食事をごちそうになり、普段は聞くことのできない太極拳の本質について、ありがたいお話をしていただいたそうです。

そして帰り際に、太極マークが描かれた1枚の紙切れを手渡され、「太極拳の本質は、このマークの中に全て示されているよ」と教えられたというのです。

兪老師は自宅に帰り、手渡された太極マークをしげしげと眺めてみたのですが、このマークをどう理解すればいいのか、さっぱりわかりませんでした。そのため、その

全ては太極マークにあり！（上記は、陰が上の「後天の太極図」）

時はポイッと部屋の隅に放り投げて、そのまま忘れてしまいました。

しかし、それから何か月か経って、部屋の隅に放っておいたその太極マークを何気なく拾い上げて、「そういえば、これは邵老師にいただいたものだったな」と思い出しました。「ふーん…」と、またそれを放り投げようとしましたが、その時、「あ、そうか！ そういう意味なのか！ 太極拳は全てこのマークの通りなんだ！」と、太極マークと太極拳の動作の関係についての疑問が氷解したということです。このような理解が禅でいう「悟り」なのでしょう。

太極マークを「陰陽」で理解する

太極拳上達の早道は、太極拳の内面を理解することです。ただ太極拳套路を繰り返し練習すれば上達できるわけではありません。太極拳は、単なる肉体動作ではないのです。太極拳の本質は「太極マーク」の中に示されています。太極マークを理解することが、太極拳の本質を理解する助けになります。

さあ、では太極マークの黒と白の勾玉について理解していきましょう。

「天地のはじめ、渾沌《こんとん》としたなかで、明るく軽い「気」が「陽の気」をつくり、「火」となる。暗く重い「気」は「陰の気」をつくり、「水」となる。天上では火は「太陽」となり、水は「月」となり、これが組み合わされて、5つの惑星となる。地上では火と水から5原素ができる」

これは斉国の陰陽家、鄒衍《すうえん》による陰陽五行の説く「天地創造」です。少し面倒ですが、この考えに基づいて太極拳を理解しておく必要があります。

それではまず、「陰陽」という考えを理解していきましょう。太極の図（天地が分かれた始まりの状態を表す「先天の太極図」。陰が下）を陰と陽の２つに分割してみましょう。するど、上図のようになります。

白い魚と黒い魚に分割!

太極マークは、別名「陰陽魚」とも呼ばれています。そういえば、黒い眼を持った白い魚と、白い眼を持った黒い魚のように見えますね。

黒い魚は「陰」を表します。白い魚は「陽」を表します。

「陰」とは隠れているもの、見えないものを意味します。「陽」とは現れているもの、見えるものを意味します。「陰」は「月」、「陽」は「太陽」に代表されます。中国語の簡体字で陰は「阴」、陽は「阳」と表されますが、まさに月と太陽（日）です。

太極拳の表演者は、まずステージの中央で、右手を拳にして、左手を掌にして右手の拳に当て、その両手を観客に向ける動作を行います。右手の拳は「陽」を、左手の掌は「陰」を表しています。この挨拶は、明《みん》の国の人が異郷の地で、自国の人に隠れた合図をしたことが始まりだと言われています。

肉体が「陰」、気が「陽」

太陽は自ら光る星、月はその太陽の光を受けて光る星です。太陽が輝かなければ、月の輝きもありません。つまり、「主」と「従」の関係です。光は「陽」、影は「陰」です。現れているものが「陽」、隠れているものが「陰」です。

肉体は「陰」で、気が「陽」です。

え？ 見える体が「陽」で、見えない気が「陰」ではないですかって？

いいえ、「気」と「体」の関係では、見えない「気」が「陽」で、見える肉体が「陰」なのです。なぜなら、体の中に「気」のエネルギーが流れていて、はじめて「生きた体」になるからです。つまり、「気」が実体で、肉体は「気」によって形作られた「影」のような存在だということです。

体に「気」が流れていなければ、生きた体ではなく「死体」です。「気」の流れが止まれば、肉体の組織は崩壊していくのです。これが中医学の肉体に対する理解です。

この理解は太極拳にも当てはまります。太極拳の様々な「形」は「陰」で、その形を作る主体は「気の流れ」なのです。

「渾沌」の伝説

荘子の「内篇第七・応帝王篇」に「渾沌《こんとん》」の物語が書かれています。

南海の帝《みかど》を儵《しゅく》といい、北海の帝を忽《こつ》といい、中央の帝を渾沌といった。儵と忽は頻繁に渾沌の地で会い、渾沌は2人を丁寧にもてなした。2人はその恩義に酬いようと相談して、言った。「人間には、見る、聞く、食べる、息をするために、7つの穴がある。それなのに（かわいそうに）この帝は1つの穴すら持っていない。彼のために穴を穿《うが》ってあげようよ」

それから2人は、毎日1つずつの穴をこしらえてやった。そうして7日目になって、渾沌は死んだ。

目も、耳も、鼻も、口もない「渾沌」は、まさに「太極」の状態、理想的な健康状態で生きていたのです。しかし、目や耳の穴（目に２つ、耳に２つ、鼻に２つ、そして口に１つ）を穿たれて、その穴から「生命力」が漏れ、７日目に死んでしまったのです。

「気」を感じるためには

普段、私たちは「気」が体の中を流れているということを認識してはいませんね。また、感覚器官が「穴」であるなんて、考えたこともないでしょう。

私たちは日常、目の情報に頼りきっています。目で外界を見ることは便利ですが、目や耳などから大量の「気」を消費し続けているのです。それらの情報に基づいて脳は外界を知覚しますが、目や耳などから入る情報から捉えられない感覚は無視されます。

目でものを見れば正しい判断ができるかといえば、そうではありません。実は「偏った理解」しかできないのです。

なぜなら、目で見えるものは、視界に入る「前方」だけです。後ろは見えません。同じものでも、遠い時は小さく、近づくと大きく見えます。

また、「外観」を見ることはできますが「内面」を見ることはできません。体の内面、つまり内臓がどんな働きをしているのか、目で見ることはできません。

では、目を閉じてみましょう。すると、これまで見えていた「前方」に対する視覚が消えます。その代わり、「後方」に対する知覚が「前方」に対する知覚と同様に感じられるようになります。目で見るように明らかではありませんが、「気配」を捉えると、前方も後方も同じになるのです。

それだけでなく、体を取り巻く周囲全てに、均等な「気配」を捉えられるようになります。そしてさらに、「体の中」に対しても「観る」ことができるようになるのです。それを気功の教えでは「内観」と呼びます。

私たちはもちろん、全ての穴をふさぐわけにはいきませんが、その穴に頼ることをできるだけ減らしていけば、体内という器の中に収められている「気」の力を、しっかり保つことができるのです。

五感＝四感覚＋一感覚

一般に、感覚器官は「五感」と呼ばれます。しかし、正確には「四感覚＋一感覚」と捉えるべきです。

「視覚、聴覚、味覚、嗅覚」、これが四感覚です。そして「触覚」は、四感覚の中心に位置する感覚なのです。四感覚と触覚のどちらが本質的な感覚なのかといえば、それは「触覚」です。

「視覚」は、目の網膜に映る光の情報が脳に伝えられて知覚されます。

「聴覚」は、空間の震えを耳の鼓膜で受けて、それが脳に伝えられて生じます。

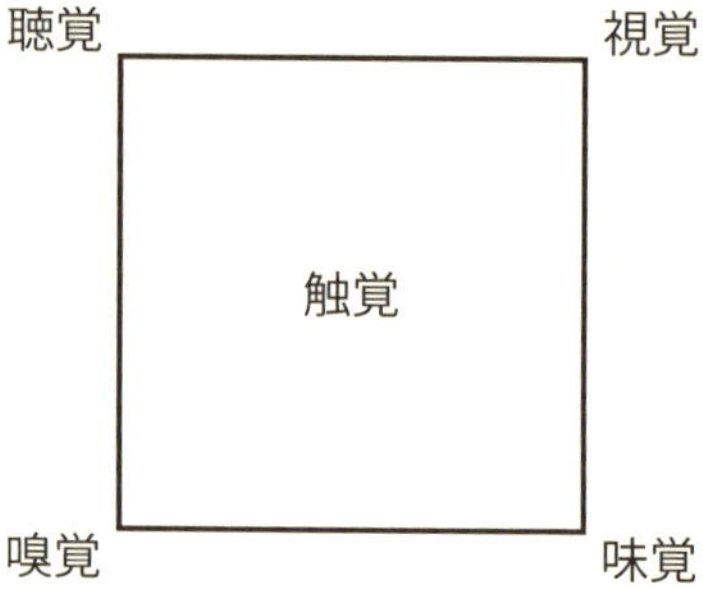

「味覚」は、舌の味蕾《みらい》が知覚します。

「嗅覚」は、鼻の粘膜で空間の匂いの情報を捉えて得られます。

これらは全て、細胞の触覚の知覚なのです。私たちの体は約37兆もの細胞の集合体です。

一個一個の細胞は独立した生命体という見方もでき、それぞれに知覚力を持っています。その知覚力が「触覚」なのです。

「気」の実践法「シェイク」

では1つ、「気」を理解する簡単な「実践法」を紹介しましょう。

1. 両足を肩幅に開き、リラックスして立ちます。
2. 両膝をリズミカルに屈伸させて、全身を揺すります（約30秒）。
3. 揺するのをやめて、静止状態を続けます（約10秒）。
4. さらに、手順2と3を何度か繰り返します。

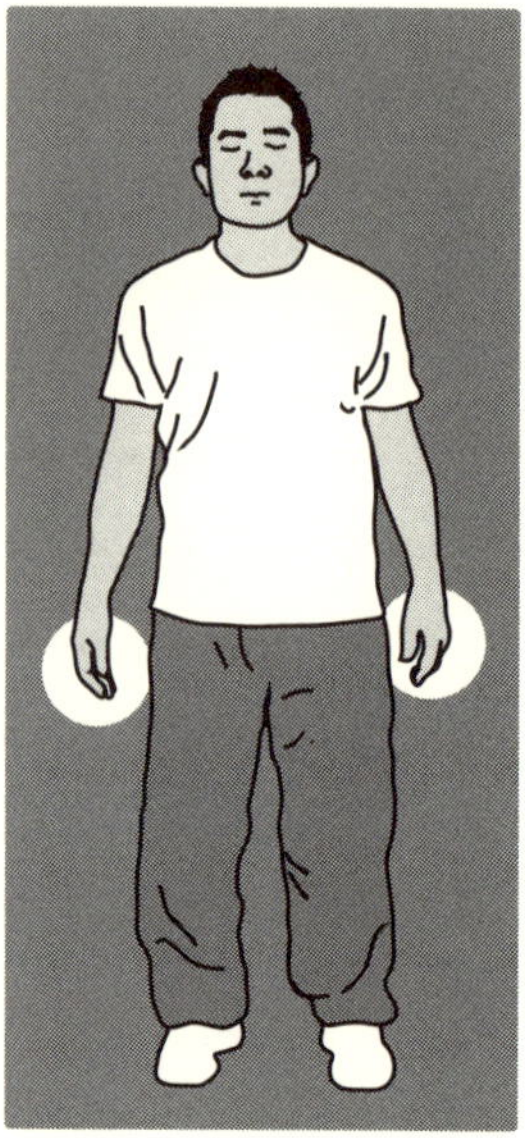

体を揺すった後、静かに立った状態で目を閉じて、体を感じてみましょう。何が感じられますか？

何だか、手のひらがボワッと温かくなってきたのではないでしょうか？　温かいような、重いような、手のひらに何かが集まってきた感じ……、両手の全部の指が膨らんだ感じ……、それが「気感」です。

しかし、目で見ても何も見えません。気のせいなのでしょうか？

いいえ、それが「気」の感覚なのです。目を閉じてみると、誰でもそれを感じられるはずです。

太極拳の練習は、もちろん形をしっかり練習していく必要がありますが、このように「気」を感じることも、無視できない大切な要素なのです。

ワンポイント・アドバイス

ただ体を揺するだけの簡単な実践法ですが、効果は驚くほど高いのです。この実践法は、中国で古い時代から教えられている「気功法」です。

終わった後、すぐに動き出さないで、しばらくそのまま立って余韻を楽しみましょう。もう自分では何もしません。手のひらに、とても強い「気」が集まっているのがわかるでしょう。

ある中国の有名な老師は、初心者に、ただこの実践法だけを30分間実践するように教えると聞きました。

もちろん、必ずしも30分間行う必要はなく、3分程で十分です。太極拳練習の前に実践することをお勧めします。

手のひらを後ろに向ける

さあ、「気」の実践法「シェイク」に続けて、「気」の感覚・知覚力を理解していきましょう。

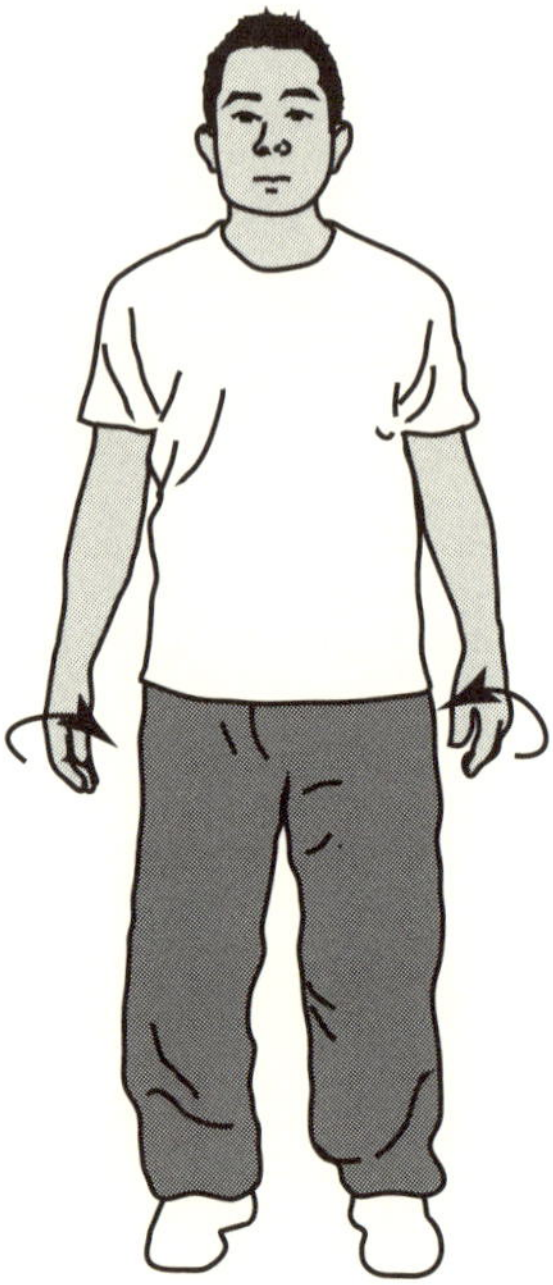

両手のひらを回して後ろに向けます。この動作は、親指をわずかに橈骨側に引くことで作ります。すると両脇が広がります。よく「両脇にピンポン玉を挟んでいるように」と、太極拳の先生が説明することがあります。この腕の状態は非常に重要なのです。この腕の形で、「気」が両腕にしっかり流れるようになります。

シェイクを行った直後には手のひらが膨らんだような感覚が得られますが、それに続けてこの形で立ち続けると、両腕全体が膨らんだような不思議な感覚が生じます。

そして、手のひらの中心に「目」ができたように、体の後ろに対する感覚が強まります。

実際の目は開いていて

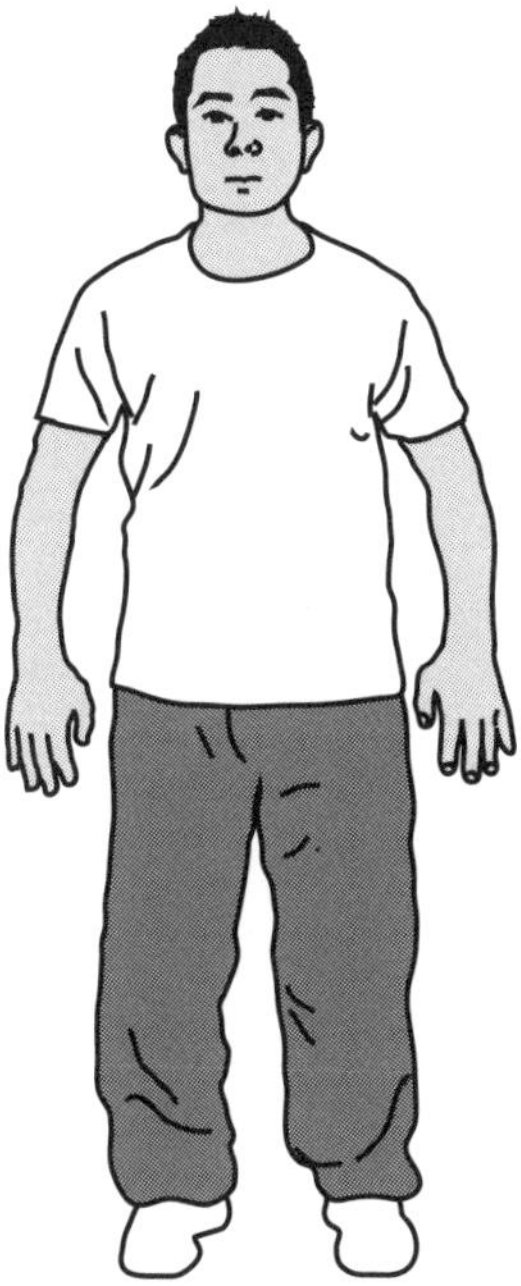

両腕全体が膨らんだ感覚に！

良いのですが、目で周囲を見ようとしません。このことは、五感を超えた感覚、第六感を発達させていく出発点になります。

手のひらに目がある

私たちが日常生活の中で目の働きに頼りきっていることは、否定できないでしょう。目の見えない生活を想像することも難しいかもしれませんね。しかし、太極拳を学んでいく時には、その目の働きを「弱める」必要があります。

これから説明する実践法では、目は開いていますが、ものを見ません。いえ、見てはいるのですが、見ようとするのではなく、なんとなく見えているだけにするのです。そのような目を「ソフトアイ」と言います。

そしてその代わりに、手のひらの「目」を開くのです。

「手」の持つ働きはとても重要です。「ものを持つ」ことによって、猿は人間に進化したと言われています。

しかし、「持つこと以外の手の働き」について、あなたは考えたことがあるでしょうか？

そうです、暗がりで辺りが見えない時には「手探り」をしますね。「探る」というのは、「持つこと以外の手の働き」の1つです。そして、何かに「触る」と、その感触で柱なのか、壁なのかがわかりますね。

「手探り」すること、「触る」こと、「バランスを取る」ことは、手のひらの「目」の働きによるのです。太極拳を学んでいくためには、このような手の働きに注目する必要があります。

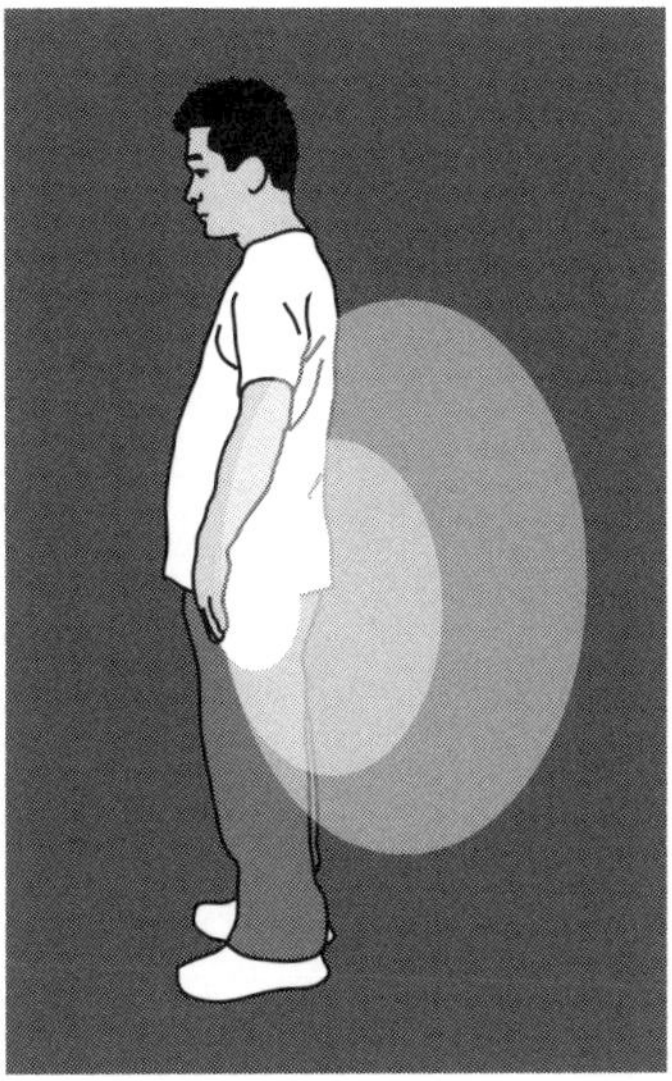

・後ろを見る

手のひらを後ろ向きにすると、首の後ろから背中側に注意を向けることが容易になります。それは、手のひらの「目」が開いたからです。そのまましばらく立ち続けてみましょう。

・大地を感じる

次に、手のひらを地面のほうに向けます。このように、手のひらが下を向いている手は「陰掌」と呼ばれます。目の力を緩め、両掌の「目」を使って「大地」を感じてみるのです。

大地の陰のパワーは、足の裏でも感じられるでしょう。ただ、そのためには、この姿勢で一定時間待つ必要があります。足の裏にも「目」があると考えてみましょう。

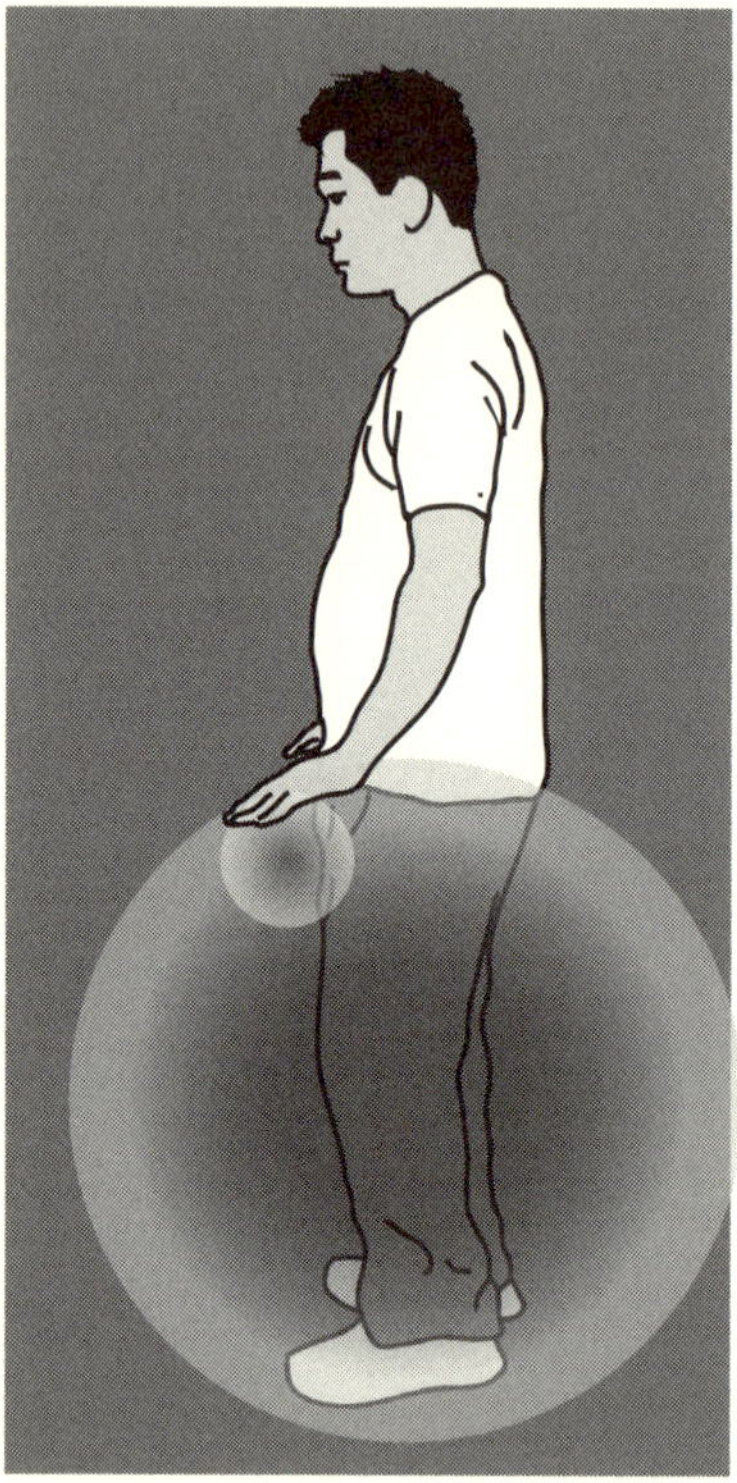

・天を感じる

さあ、今度は、地面に向けていた両掌を回して、空に向けます。このように、手のひらが上を向いている手が「陽掌」です。

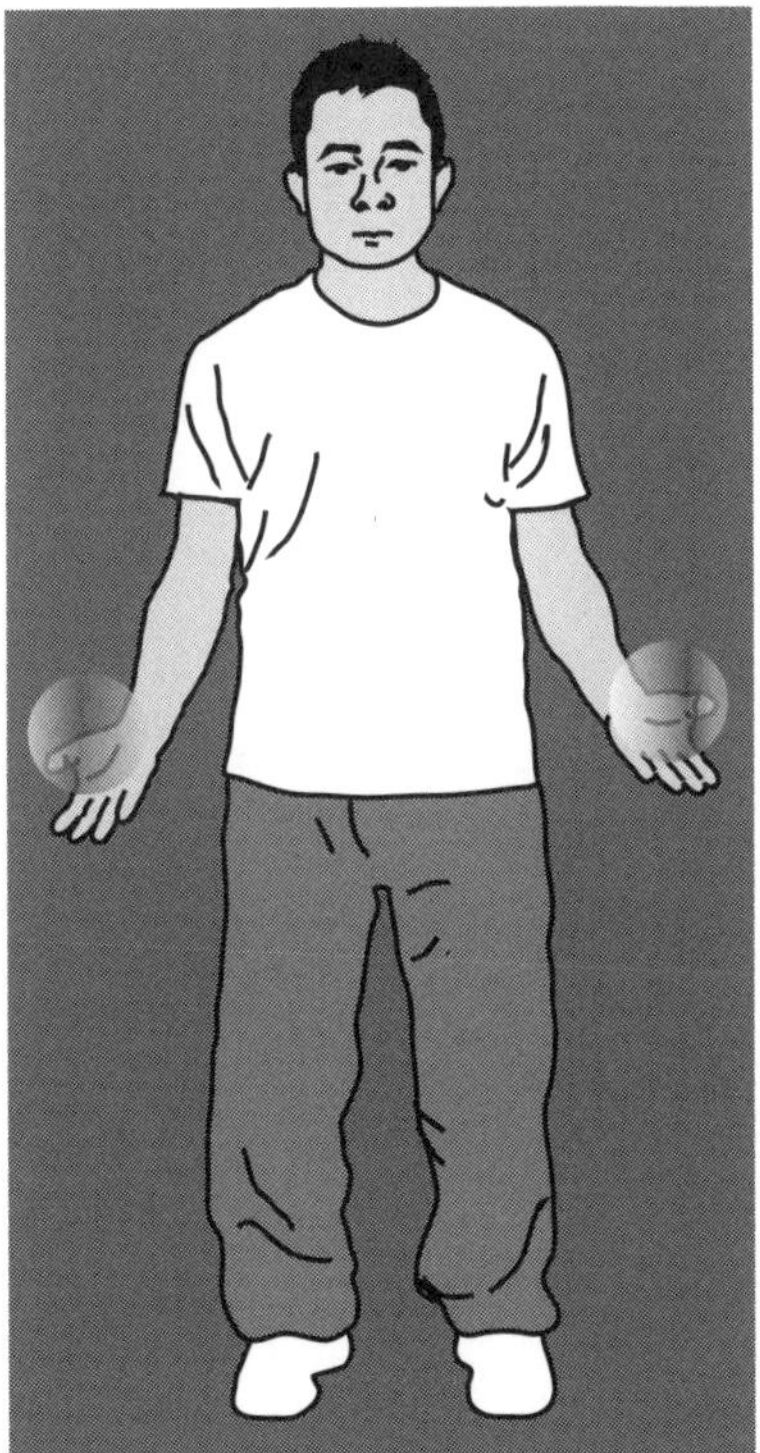

・両手が頭とつながる

　両手を陽掌のまま、もう少し上に持ち上げてみましょう。すると今度は、頭皮が突っ張るような、くすぐったいような、こめかみの辺りが圧迫されているような、何らかの感覚が生じてくるでしょう。そのような感覚は「気」の磁気的な力によるもので、イラストのような両手の形で立つことによって自然に生じるものです。

　ただし、最初のうちは何も感覚がなくても問題ありません。その状態を数分維持する練習を続けていきましょう。

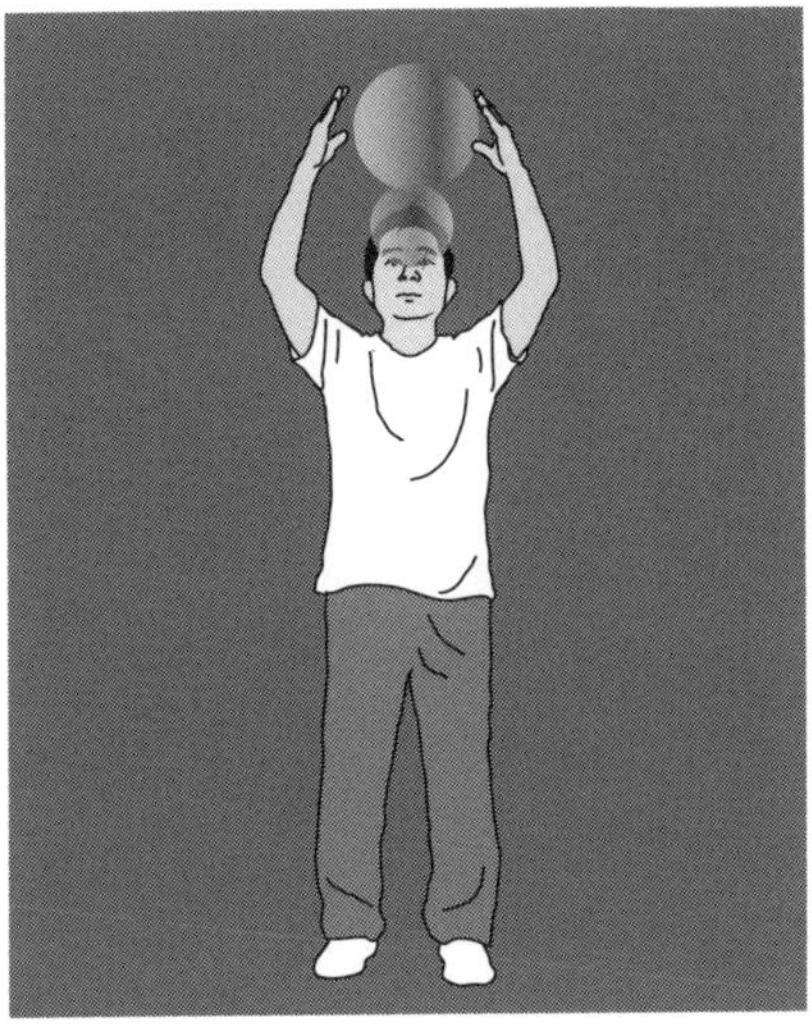

・両手を頭に向ける

さらに両手のひらを高く持ち上げ、両掌を向かい合わせます。両手に直径20センチほどのボールを持っているようにイメージします。それから手のひらを頭部に近づけていき、頭に「気のボール」をかぶるようにします。すると、頭部にさらに強い圧力が感じられてくるでしょう。

これが「百会」が開いた感覚です。もちろん、感覚がなくても大丈夫。繰り返すうちに、次第に感じられてくるでしょう。頭上約45センチまでの空間は、自分の体であると理解し

ましょう。

さらに、両手のひらを頭部に向けたまま近づけていきます。すると、頭部に弱い圧力が感じられてくるでしょう。髪の毛が逆立つような感覚、こめかみの辺りを押さえられているような感覚が、一般的な「気」の感覚です。

頭の中には「気」の集まる場所、集めるべき場所があります。それを一般的に「上丹田（泥丸）」と呼びます（第1章ですでに説明しました）。

この場所を使って瞑想することによって、自律神経が調整されます。

またここで、「気」の感覚である「触覚」を「第六感」に変えていくことができるのです。

第六感とは

第六感というと、何か特殊で、ごく一部の人が持つ「超能力」であると考えていませんか？　実はそうではないのです。第六感は誰もが持っていて、「触覚」という最も原初の感覚の高度な段階のことなのです。

五感は、正しくは「四感覚＋一感覚」であるということは、すでに説明しました。その触覚は、約37兆という全ての細胞の持つ「知覚力」ですが、私たちは一般に、「触る」感覚であると理解していますね。

直接触れなくても「触覚」は働きます。手を体のどこかに近づけると、触れていな

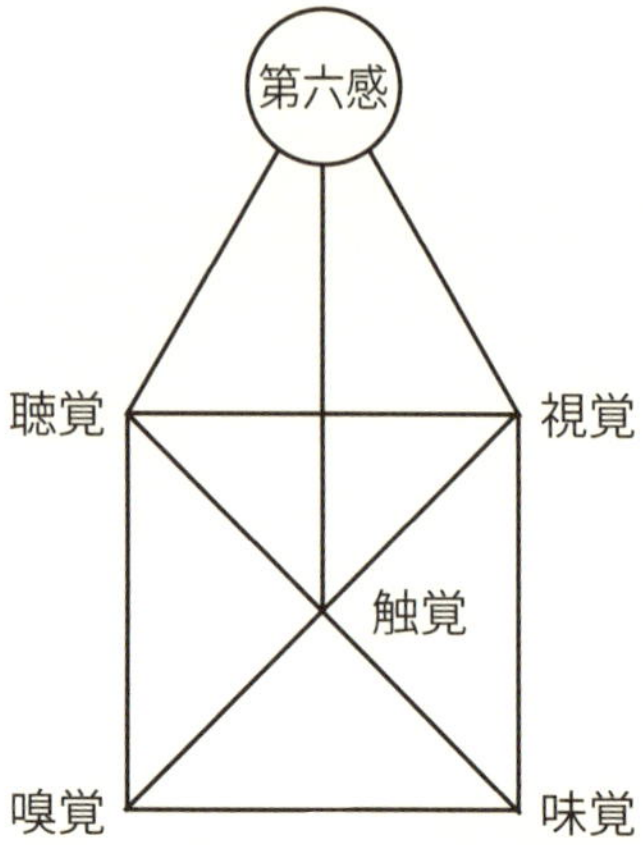

四感覚の植木鉢の中心から「触覚」の根っこが
上に成長し、「第六感」という花を咲かせる。

いのに「温かさ」とか「冷たさ」とか、何かの感覚が得られますね。頭部に注意を向けると、「圧力感」が強まってきます。こうして注意を向けて「気」を集めることで、「触覚」は働きます。

　体の中に注意を向けていくトレーニングを続けていくと、自分自身の内臓、五臓六腑が、あるいは背骨の各椎骨が、どんな状態なのかを直接感じられるようにもなります。そのような感覚が「内視」と呼ばれる力です。「内視鏡」で胃の内部を見ることができますが、触覚が高まると、直接的に体内の健康状態が「見える」のです。

さらには、自分以外の人の体の健康状態にも「知覚」が働くようになります。このような、五感を超えた知覚力が第六感なのです。

喉の丹田

両手を頭に向けた状態から、両手の間隔をやや狭めて喉の前まで降ろします。

喉にも丹田があります。喉は頭部と胴体の接合点(Node)です。首はネック(Neck)というだけに、とても大切な場所です。

気功や太極拳では、喉は「丹田」と呼ばれることは少ないのですが、ヨガでは「ヴィシュダ・チャクラ」と呼ばれます。チャクラとはサンスクリット語で「輪」という意味で、英語では「センター」または「ヴォルテックス（渦）」、全て同じ「気」の集まる中心のことなのです。

医学的に見ると、喉には甲状腺・副甲状腺という内分泌腺があります。

イラストを見てください。このポーズは、まるで祈りを捧げる人のようですが、宗教の持つ祈りのポーズも「気」の実践法なのだと理解すれば、納得できるでしょう。しかし、これら「気の実践」は、決して特定の信仰を強要するものではありません。どんな信仰を持った人でも実践できます。

この姿勢を取ることで、頭部に強く集まった「気」のエネルギーを、首から下に降ろしていけるのです。

胸の丹田（中丹田）

両手を喉から胸に降ろします。左右の乳中（乳首の先端）の高さで、その胸の奥にあるセンターが「中丹田」です。内分泌腺は「胸腺」にあたります。

やはりこの場所も、様々な宗教の祈りを捧げるポーズで両手を置く位置です。ヨガでは「アナハタ・チャクラ」です。別名「ハートセンター」ですが、心臓の位置ではありません。このセンターに「気」を集めることで「免疫力」を強化できます。

腹の丹田（下丹田）

さらに、「気」を下に降ろしていきます。へその高さ、つまりツボ「神闕穴《しんけつけつ》」の高さにある下丹田に意念を集め、その状態を維持します。最初のうちは、「へそ、へそ」と表面に注意を向けるだけでもＯＫです。

ヨガではこの腹部に、「マニプラ・チャクラ」「スワジスターナ・チャクラ」「ムラダーラ・チャクラ」と、３つのチャクラがあるとされます。諸説ありますが、下丹田は「スワジスターナ・チャクラ」に対応させるのが一般的です。

この場所に意識を集中して「気」を集めることによって、

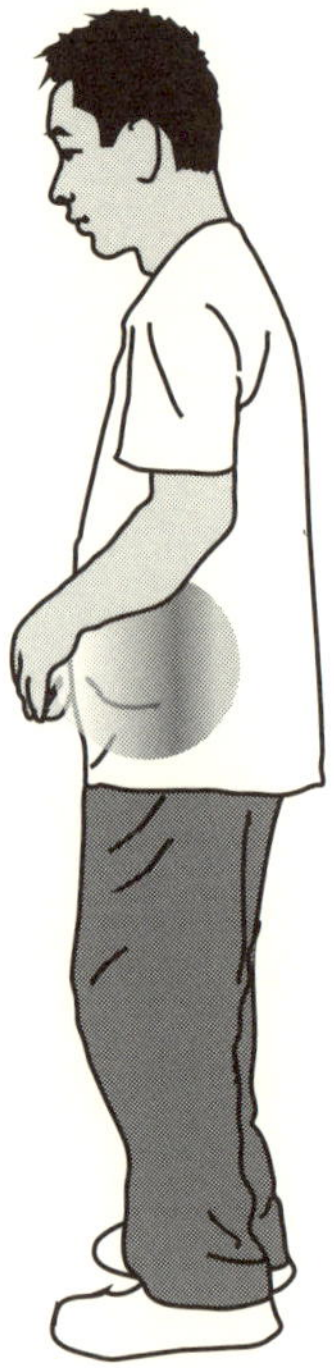

身体がパワフルになり、運動能力が発達します。太極拳で最も重視する丹田です。

会陰から足裏まで（アース）

最後に、気を会陰から足の裏まで流します。電気製品が帯電を防ぐために「アース」するようなものです。せっかく集めた「気」を体の外に捨ててしまうなんて「もったいない」なんて思わないでください。不必要に「気」を体の

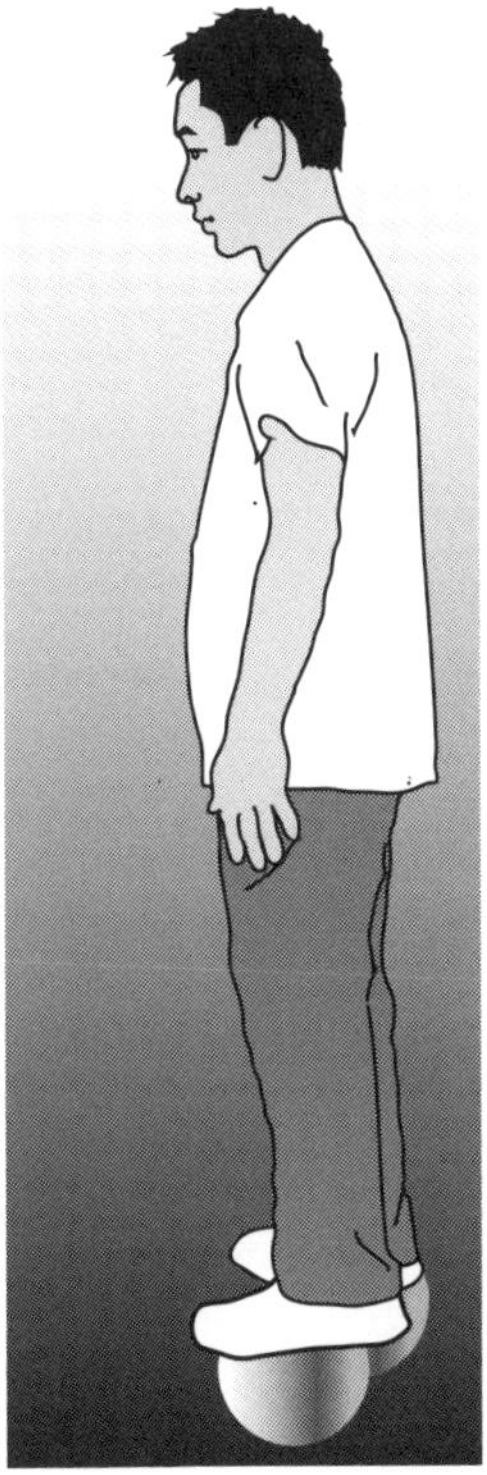

一部に溜め込むと良くありません。このことは、とても重要です。

こうして、站椿功を練習した後は、足裏まで「気」を導く習慣をつけましょう。

はじめに「気の実践法」があった

太古の時代から、世界各地に「気の実践法」が存在していたと私は考えます。国の違い、習慣の違い、時代の変化に合わせて様々に変化したため、名称が異なっています。

インドでは「ヨガ」といって、それを行ずる人々はヨギと呼ばれました。中国では「仙術」といって、それを実践する人は仙人と呼ばれました。あるいは「道（タオ）」といって、それを実践する人は道士と呼ばれました。

西洋にも「魔法」の伝統が存在しています。魔術師または魔女と呼ばれる人々は、一般に誤解されているようですが、西洋のヨギ、または道士であったことでしょう。

現在、日本にも愛好者の多い「気功」という気の実践法は、古い仙術や、タオの実践法である吐納法《とのうほう》（※1）や導引法（※2）を大衆化したものです。

また、様々な宗教にも、同じ目的の実践法があります。例えば、祈りの手の組み方などに、「気」の技術が形骸化して残されています。

そうした実践法は全て、1つの共通点を持っています。それは、目に見えない生命エネルギー、つまり「気」についての深い理解があるということです。そしてその「気」を体内に取り入れ、体内に流れる「気」のエネルギーを強化します。

※1　**吐納法**
吐古納新の略で、古い息を吐き、新しい空気を入れる……、つまり呼吸法のこと。

※2　**導引法**
ゆっくりしたシンプルな動作によって神経系統を整え、経絡を通し、血液循環を促す健康法。

すると、「強化された気の働き」によって体が変化します。様々な慢性病が治癒し、若返り、パワフルになります。精神的にも、知的能力や直感力、創造性が成長し、霊性が開花していきます。

私は、そのような「気の実践法」を「コズミックダンス」と呼んでいます。

武術と舞術

太極拳やその他の多くの武術は、実践者の体内に強力な「気」を生じさせます。それは、武術のルーツが「気の実践法」であったためです。

太古の平和な時代には、格闘術としての武術は存在しなかったでしょう。ただ、生命エネルギーを活性化するための「気の実践法」があり、それに熟達した人々がいたのです。彼らは、意念と手足の特殊な動かし方によって「気」のエネルギーを集め、その深い陶酔の状態を１人楽しみました。

そして、その動作を親しい人たちの前で見せ、人々はそれを見て楽しみました。それが「ダンス」と呼ばれました。

やがて平和が失われ不安定な時代になり、「気の実践法」を体得した達人が自己の身を守るために、長い修練によって身につけた動作と「気」の力を利用しました。それが「武術」になったのです。

なぜなら、「気の実践法」によって鍛え上げた体は、大樹のように静かになることも、野獣のようにパワフルになることもできるからです。武術とダンスのルーツは共に、「気の実践法」であるというわけです。

また、ヒーリングの技術も、「気の実践法」によって獲得できます。東洋医学によると、あらゆる病気は「気」の病です。体内の生命エネルギーの失調です。ですから、「気の実践法」によって常人の何倍も強い「気」のパワーを持っている人は、有り余るそのパワーを手から病気の人に放出することによって、治療できるのです。そうした技術者は「ヒーラー」と呼ばれました。

さらに深い陶酔の境地を体験するうちに、不思議な霊的な感性が目覚めてくるのです。宗教の教祖の持つ「人間を見通す力」「時代を超越し、予見する力」は、長い「気の実践」、「コズミックダンス」の実践によって獲得されたものなのです。

コズミックダンスは「8」の字の運動

太極拳の動作が、とても規則正しく、ある基本パターンで構成されていることは、まだあまり公にされていません。

私はこれまで30数年間、個人的な興味から太極拳を追求してきました。そして、次第にその基本単位が明らかになってきました。それは、8の字（メヴィウス）状の「気」の運動であるという結論でした。

太極拳の套路には、様々な形があります。また、楊式や陳式、呉式、孫式など、流派も無数に存在します。そのように様々に異なっていても、套路を分解していけば、そこには最小単位といえる、その「気」の動作があるのです。私は、このような最小単位で構成されている身体動作を「コズミックダンス」と呼んでいます。それは、ごくごくシンプルなワンパターンの運動です。

ゆっくりその運動を繰り返していくと、外界から体の中に自然と「気」のエネルギーが取り入れられてきて、力強さと静寂を感じようになるでしょう。そして、そのトレーニングを継続すると、不思議な「気」の能力「功夫《カンフー》」を獲得できるのです。

このことを理解して、はじめて太極拳の神秘な側面が明らかになり、捉えどころのない太極拳の動作が、不思議なほど明確になってくるのです。しかし、今までに太極拳を極め、理解した人は、あえてそれを公にしようとはしなかったようです。

ただし、古い文献には、タオイズムの暗号（陰陽五行）によってその動作は示されています。それでも、暗号解読の素養（陰陽五行の理解）がなければ、そうした文献から読み解くことはまず無理でしょう。

また、古の老師はその回答の全てをシンプルな図形で表して、後世の太極拳実践者のために伝えてきました。それが「太極図」です。しかし、やはり図形を解読するための知識と、それを生かすための基本的な気功の能力がなければ理解できません。

それでは順を追って、「コズミックダンス」の基本単位の運動を実践できるように解説していきましょう。

なぜ「8」なのか？

蜂は、蜜を求めて花畑を飛び回ります。空中で「8」の字を描いて飛ぶそうです。8の字を横に倒すと「∞」になります。それは「無限大」を表すマークです。それは最も効率の良い運動なのです。なぜでしょう？

それを理解するために、運動について考えてみましょう。

運動には、距離が必要です。つまり、あるものがA地点からB地点に位置を移動することが運動です。A地点とB地点を結ぶ最短コースは、ユークリッド幾何学によれば直線です。単純に考えれば、直線こそが基本単位になるべきでしょう（図２―１）。

しかし、A地点とB地点間を繰り返し移動する場合ならどうでしょう。A地点とB地点の最短コースとなる直線を繰り返し移動するとすれば、当然、動いたり静止したりを繰り返すことになります。静止している物体を動かすためには、その物体の重さ

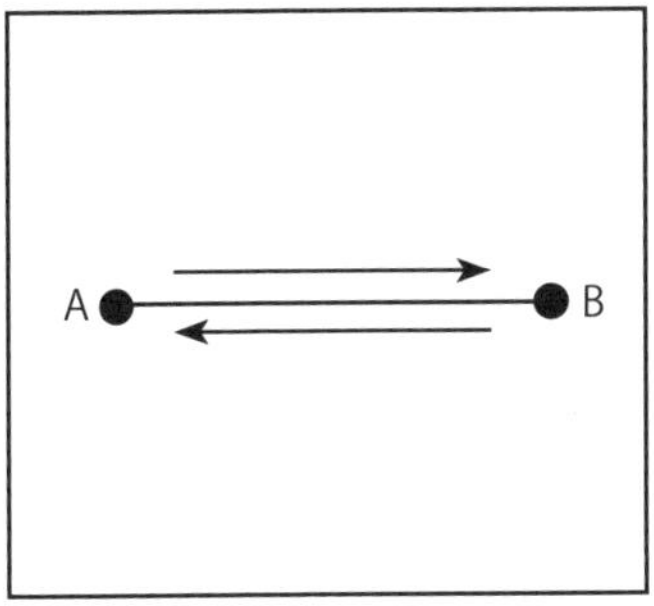

図2―1

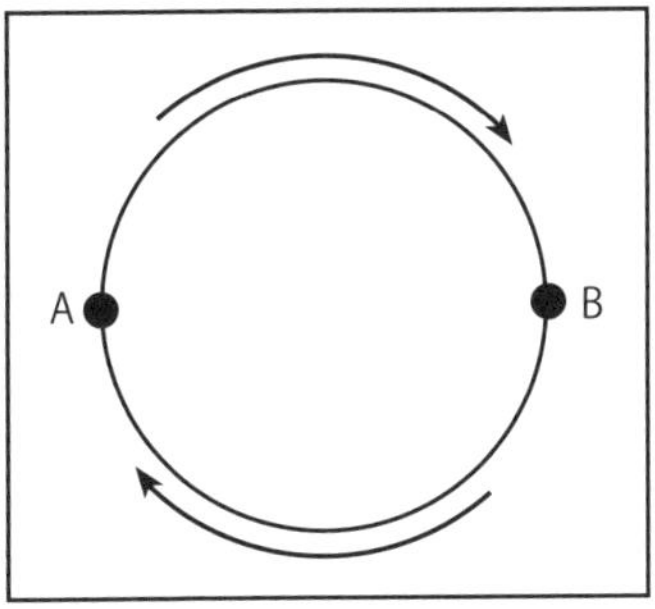

図2―2

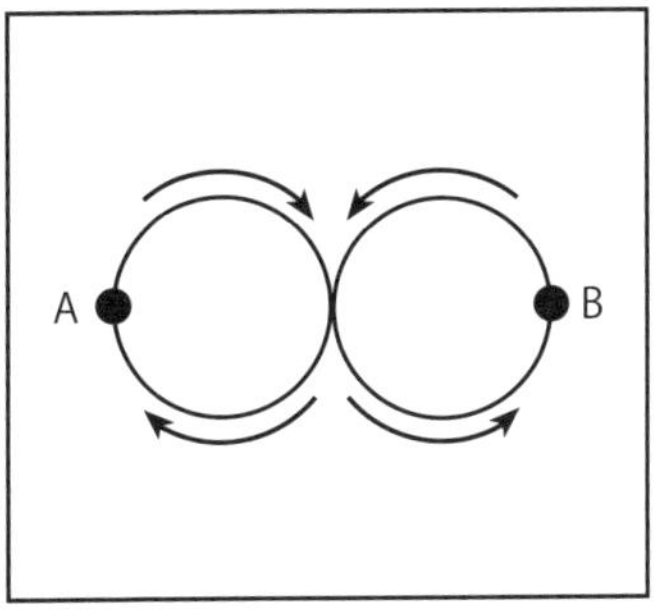

図2―3

に比べて意外なくらい強い力が必要です。それは「慣性の法則」で、静止しているものは静止し続けようとするからです。また、動いている物体を静止させるためにも、同様に強い力が必要です。慣性の法則を打ち消すために、余計な力が必要になるということです。

もう1つ、別の運動が考えられます。円運動です（図2―2）。A地点とB地点を円でつなぐのです。それなら、静止することなく繰り返し運動が持続します。しかし、この運動は少々遠回りではないでしょうか。また、右回りにしろ左回りにしろ、体でそうした動きを行うと、まず速く動けません。なぜなら、ブレが生じるからです。

もし、ヘリコプターが1つのプロペラで1方向に回っているだけなら、機体は安定して飛べません。尾翼のところにある小さなプロペラの回転によってバランスを取っているのです。

同様に、「8」の運動は「右回り」と「左回り」の結合であり、その2つで互いにバランスを取っています（図2―3）。

伝統気功「亀のエクササイズ」

さあ、それでは実際に「８」を描く実践法を紹介しましょう。

このエクササイズは、中国に古くからある伝統気功の「亀」です。「神亀服気《しんきふっき》」という名前がついています。

亀が甲羅から首を出したり引っ込めたりするようなイメージですが、実際は首だけでなく、背骨全体がまるで蛇のように動きます。亀と蛇が合体したイメージです。

このエクササイズは一見すると、太極拳の動作とはかけ離れているように思えます。しかし、この運動が太極拳の運動を真に理解するための原型といっても過言ではありません。これが最も先に学ぶにふさわしい、コズミックダンスのエクササイズでしょう。

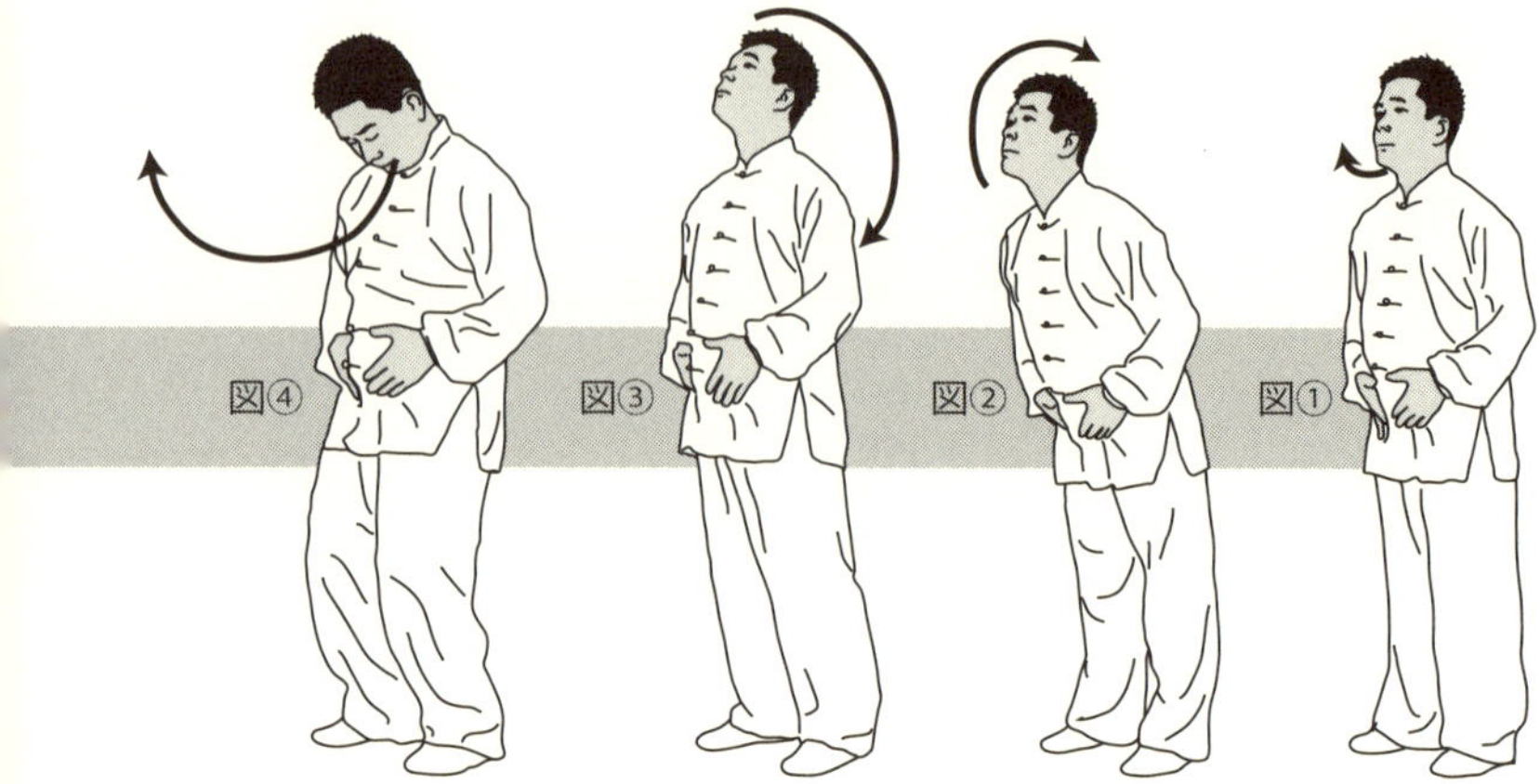

・亀のエクササイズのやり方
（初級コズミックダンス）

1. 足を肩幅に開き、両手を腹部に当てて立ちます（図①）。
2. 顎を前方に突き出すようにして、息を吐きます（図②）。
3. そのまま顎で円を描き、額を斜め上方に向け、息を吸います（図③）。
4. 顎を引き寄せ、額を斜め下方に向け、息を止め、収腹提肛《しゅうふくていこう》します（図④）。

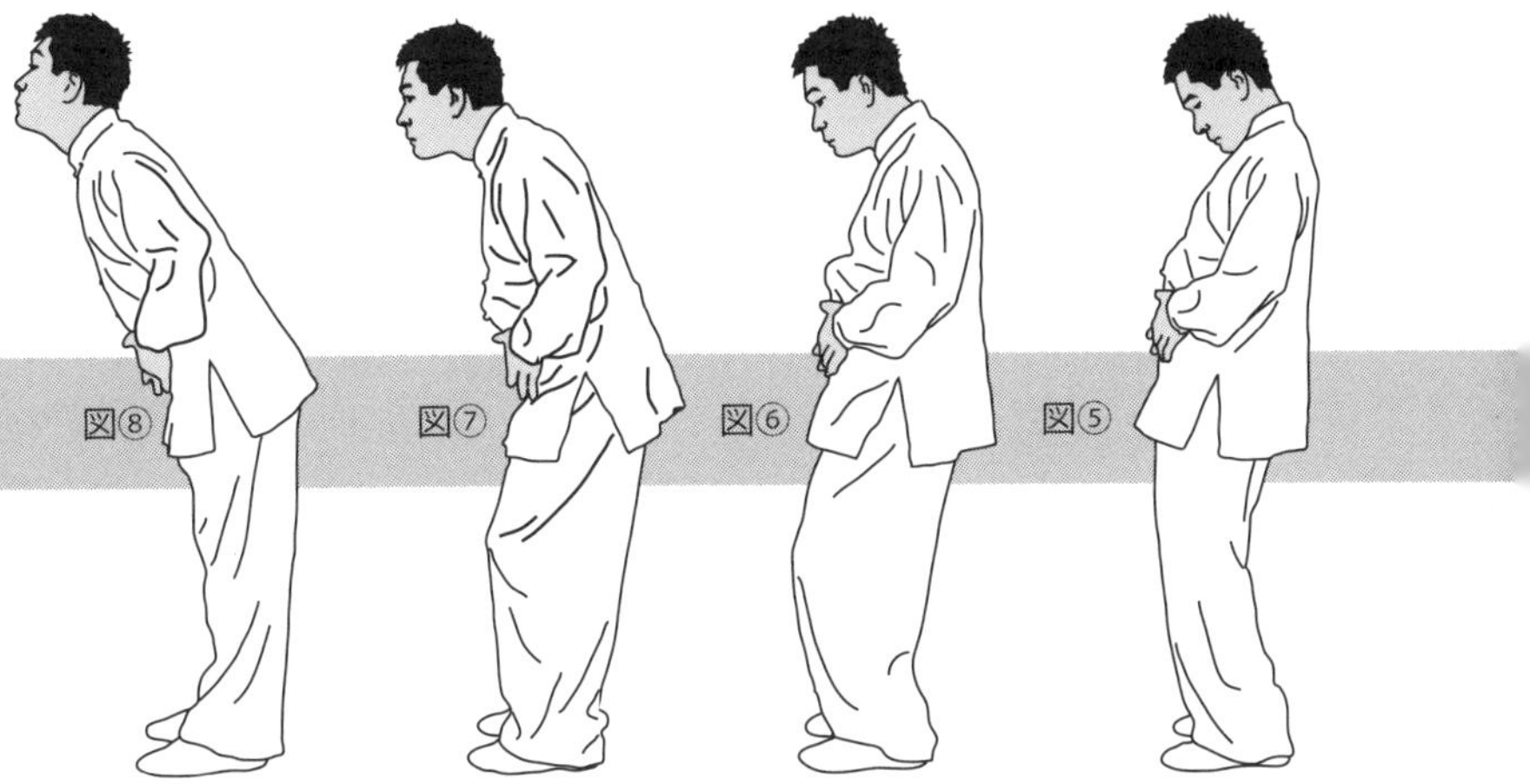

5. その体を大きく屈めた状態から、顎を前方に突き出し、息を漏らすように吐きながら上体を起こしていきます（図⑤、⑥、⑦、⑧、⑨、⑩）。

6. 以上を何度も繰り返します。

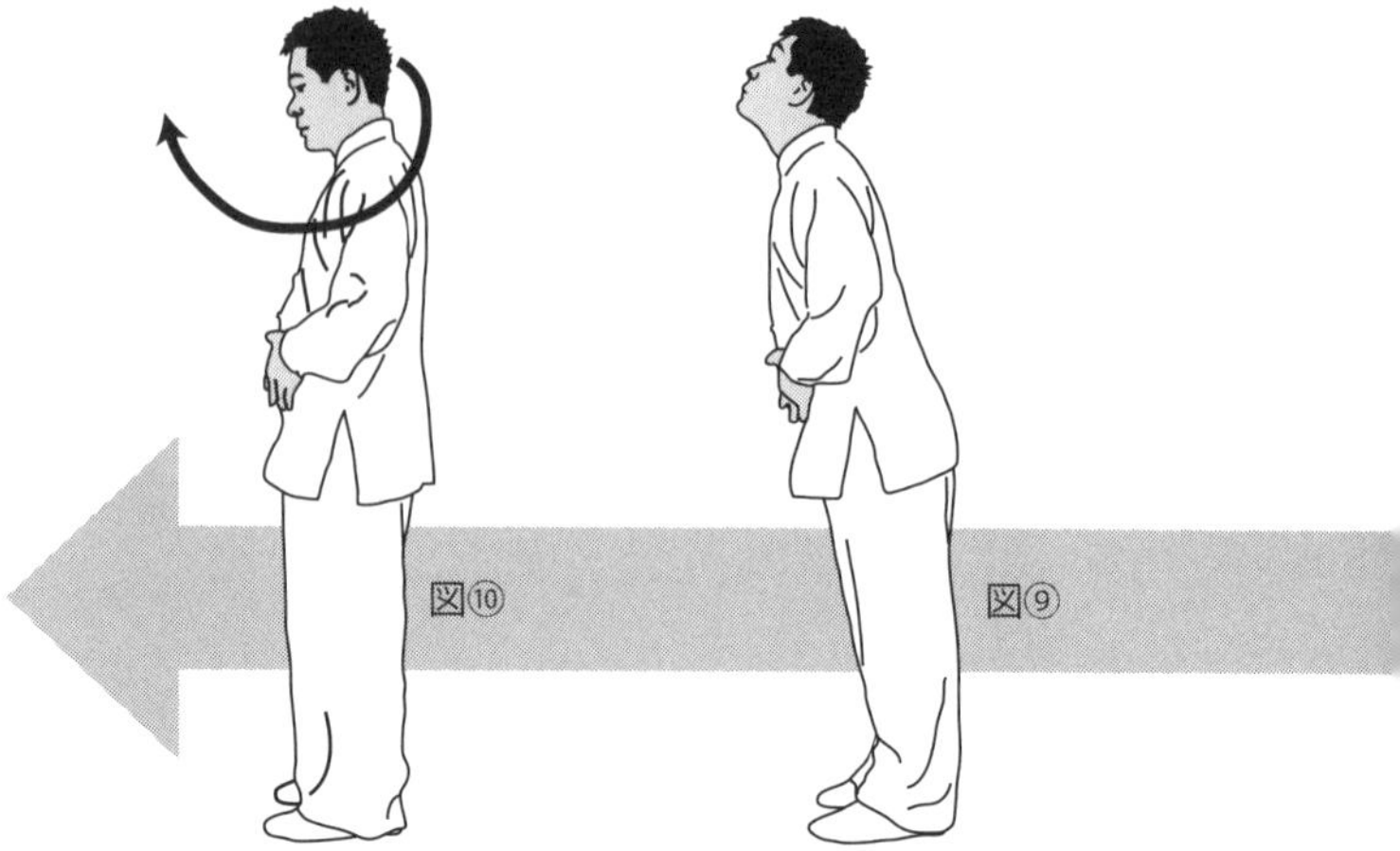

ワンポイント・アドバイス 1

このエクササイズは、あなたの太極拳に対する考え方、感じ方を根底から覆すものではないでしょうか。このイラストのような姿勢は、まるで太極拳的ではないでしょう。太極拳には「立身中正」という姿勢の注意点があり、体をまっすぐに保つことを最初から厳しく教えられるでしょうから。

そういう意味では、初心者にとってこの形は混乱を招くかもしれませんね。その場合、このエクササイズは背骨のトレーニングとして、気功法として理解すれば良いでしょう。

ワンポイント・アドバイス ②

「亀のエクササイズ」は、首の運動です。「顎で人を使う」と言いますが、顎の動きから全身の動きを作り出す練習です。

この動作は、下に沈み込むような運動と、伸び上がるような運動で作られています。私は、下に沈む運動を「ダウン」、伸び上がる運動を「アップ」と呼んでいます。そうです、この２つが合わさって「８」になるのです。

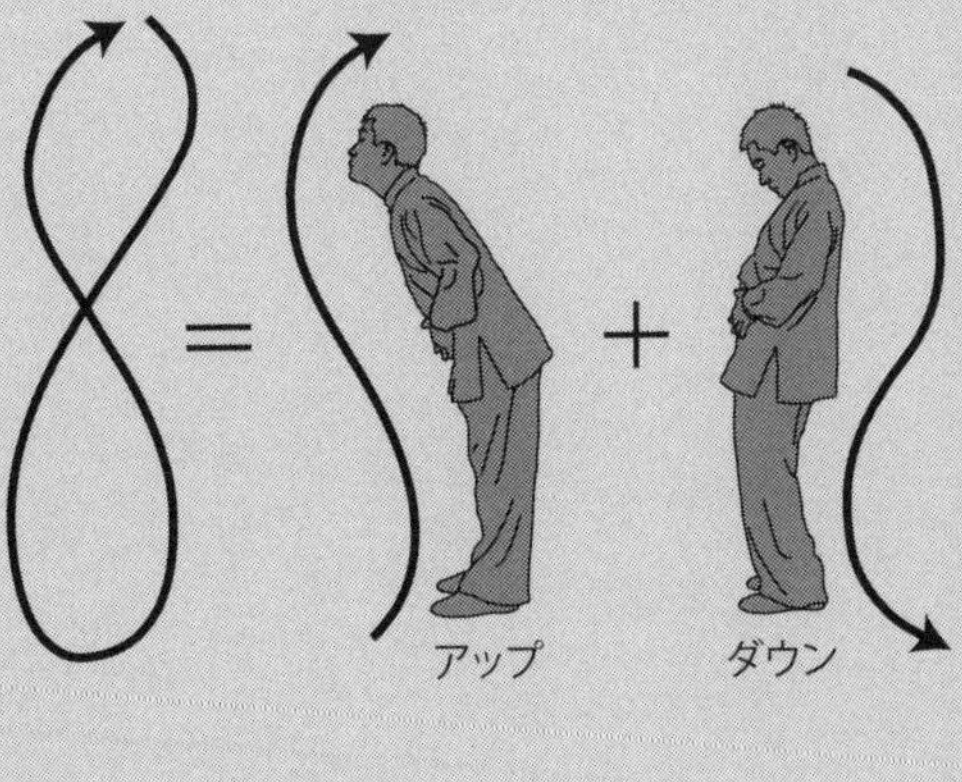

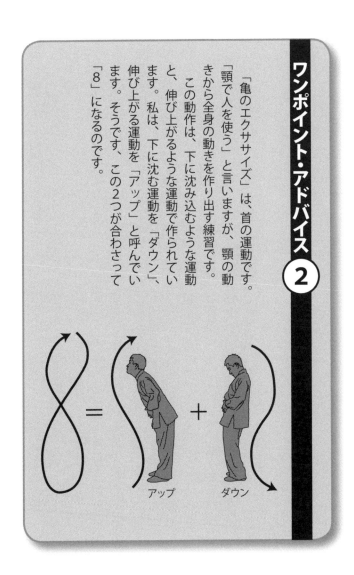

抽絲勁の基本

「亀のエクササイズ」の実践で「首」を動かすことによって、肉体に対する認識が次第に変化していくはずです。「亀のエクササイズ」の動作によって、頭からお腹、そして足に向かって流れ落ちるような「内的な力の運動」に気づいてくるでしょう。まず、これは「ファンソン」した体を作るためのエクササイズと捉えても良いでしょう。

さらにいえば、これは「抽絲勁《ちゅうしけい》」を身に付ける「ファーストステップ」なのです。太極拳は「抽絲勁」であるとか、「纏絲勁《てんしけい》」だと説明されたことがあるかもしれません。また、「揺動」や「蚕が口から糸を吐き出すような動作」という表現も聞いたかもしれません。これらがどういう動作なのかは理解しづらいでしょうが、シンプルに捉えると、「亀のエクササイズ」のような動作のことなのです。

しかし、このエクササイズだけでは、まだ太極拳の各動作に応用することはできないでしょう。なぜなら、これは頭部と胴体と足をつなげるための運動であり、「手」の動きは含まれていないからです。

さあ、このエクササイズを太極拳の練習メニューに取り入れましょう。そして、このリズムをしっかり体に植え付けてください。

■第3章■

シンプルな動作パターン

― 起承転結のプロセス ―

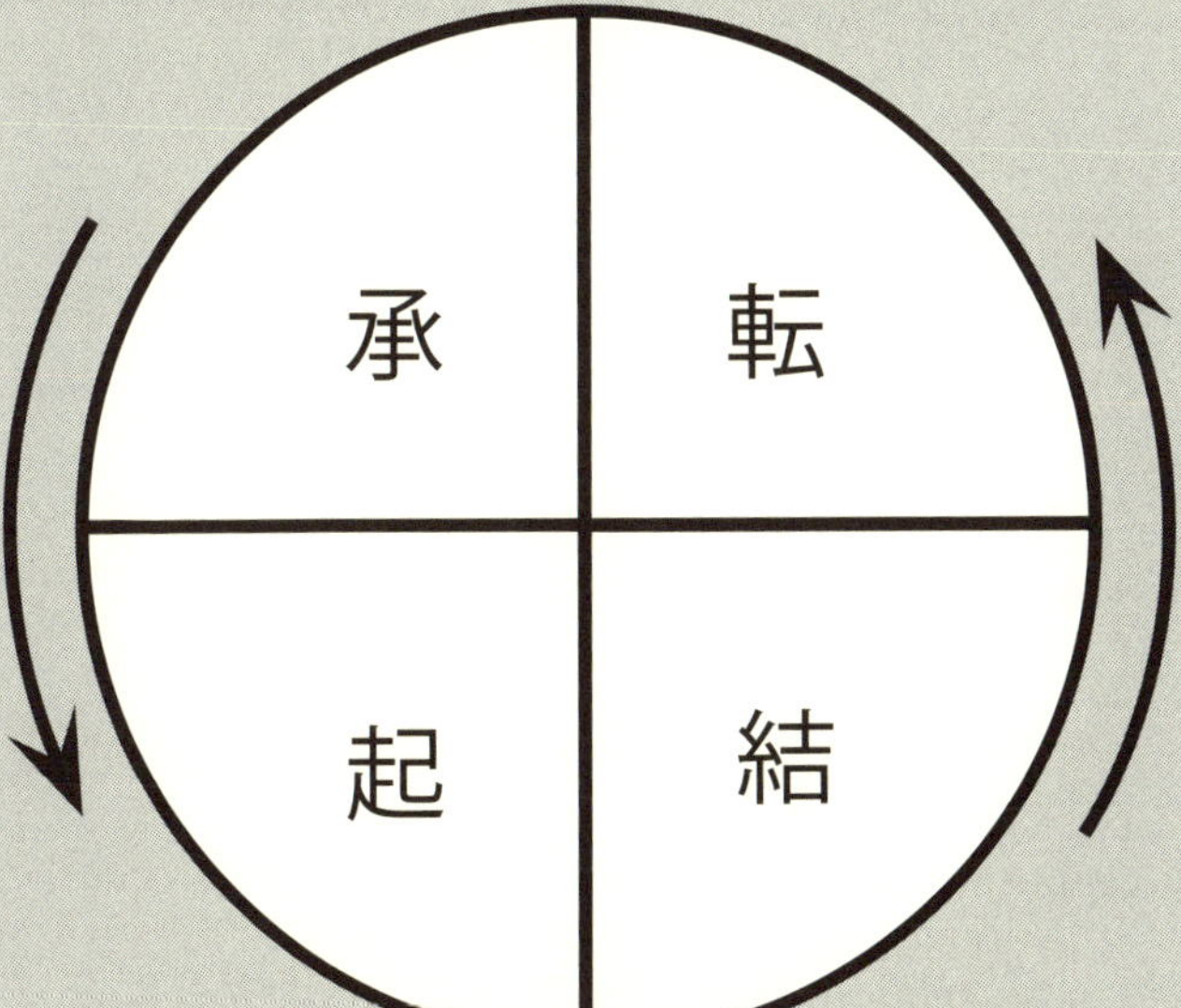

奥秘の基本功「天地の呼吸」

ここで紹介する練功法「天地の呼吸」は、私が陳式太極拳の師匠である兪棟梁老師より教わったものでした。１９８９年、私が太極拳を習い始めて８年目の頃のことです。それは、私が老師の太極拳の動作を見て「８」に気づいてから、しばらくたった時のことでした。

ある日、私と数名の生徒が、代々木公園のいつもの練習場所で練習している時、太極拳の動きのプロセスを１つの基本功として兪老師から教わりました。

老師は「８」という表現は使いませんでしたが、その動作を何度も練習するうちに、私はそれが「８」を体得するための「奥秘」だということに気が付きました。

「いいかい、よく見て！　はい、イチ、頭。ニッ、お腹。サンッ、腰。ヨンッ、手！」

と言いながら、兪老師はその順番通り、両手を頭に挙げ、お腹に降ろし、クルッと手首をひねって腰に回し、そして前方に突き出す動作を何度か実演して見せてくれました。

ただ、師匠はこのことを、私たちが学んだ8年間に、たった一度しか説明しませんでした。私と一緒に練習していた別の生徒はこれを大して重視せず、すぐに忘れてしまったようでした。

しかし私は、長い間、この順番にこだわって練習し、「天地の呼吸」と命名して生徒に指導してきました。

天地の「気」を取り入れる

「天地の呼吸」のエクササイズは、太極拳運動の基礎を作るものです。太極拳に限らず、スポーツを練習する人の多くは「天地」という理解を見落としがちです。私たちは自分の目線の高さで前後左右を見て判断することが多く、太極拳の動作を学ぶ時も、手足の動きを前後左右という座標軸の中で理解しているのです。

普段何気なく街を歩いている時、ある程度、周囲の景色には注意を向けています。しかし、頭上で何が起こっているのか、または足元に何があるのか、ということには注意が向きづらいのです。

「天地の呼吸」の実践法では、頭上の「天の気」を頭から吸って、足の裏まで降ろし、地面に流します。それから、足の裏の地面の気を吸い上げ、天地の混じり合った「混元の気」が両手に流れます。このようなイメージの「天地の流れ」を作り出し、それを繰り返すのです。

古くから世界中の武術には、必ず呼吸法が教えられています。例えば、空手には「息吹《いぶき》」という呼吸法があり、空手で求められる強健な体を作るための不可欠な基本功なのです。

太極拳にも、太極拳を理解するうえで必要不可欠な呼吸の技術があります。一般に呼吸の目的は、酸素を吸って二酸化炭素を吐き出すことだと考えます。しかし、この「呼吸」はそうではありません。

太極拳（武術）の動作は、呼吸と一緒に、あるシンプルな動作パターンを繰り返して、「気」を全身に巡らせているのです。その結果、実践者は全身が「重くなる」のを感じ、体の「力」がみなぎってくるのを感じるでしょう。

こうして、このシンプルなパターンを繰り返し、長く鍛錬するうちに、武術的な威力を育て上げていけるのです。それを「功夫《カンフー》」と呼びます。功夫は一朝一夕には得られません。このような着実な訓練を、日々続ける必要があります。

こうして「気」を巡らせる練習をしていくと、自然に太極拳の動作をゆっくり行いたいと感じるようになるでしょう。ゆっくり動作を行えるようになればなるほど、体内を流れる「気」の循環を体感できるようにもなるのです。

このような呼吸法を、私は「天地の呼吸」と呼んでいます。「天の気」を頭から取り入れて、「地の気」を足の裏から取り入れて、丹田に集められた「天の気」と「地の気」の交じり合った「混元の気」を全身に巡らせ、手から放出（そのようにイメージ）します。

・天地の呼吸のやり方

▽站椿

はじめに、站椿功のように両腕を丸くして、胸の前で抱えます（図①）。天地の呼吸は、站椿功を数分間行った後が良いでしょう。

▽起

息を吐きながら、両手を前方に突き出します。大切なものを手に持って、差し出すような気持ちです（図②）。さらに差し上げるように両手を頭上に持ち上げます（図③）。次に、息を吸いながら、両手を首のところに降ろしていきます（図④）。

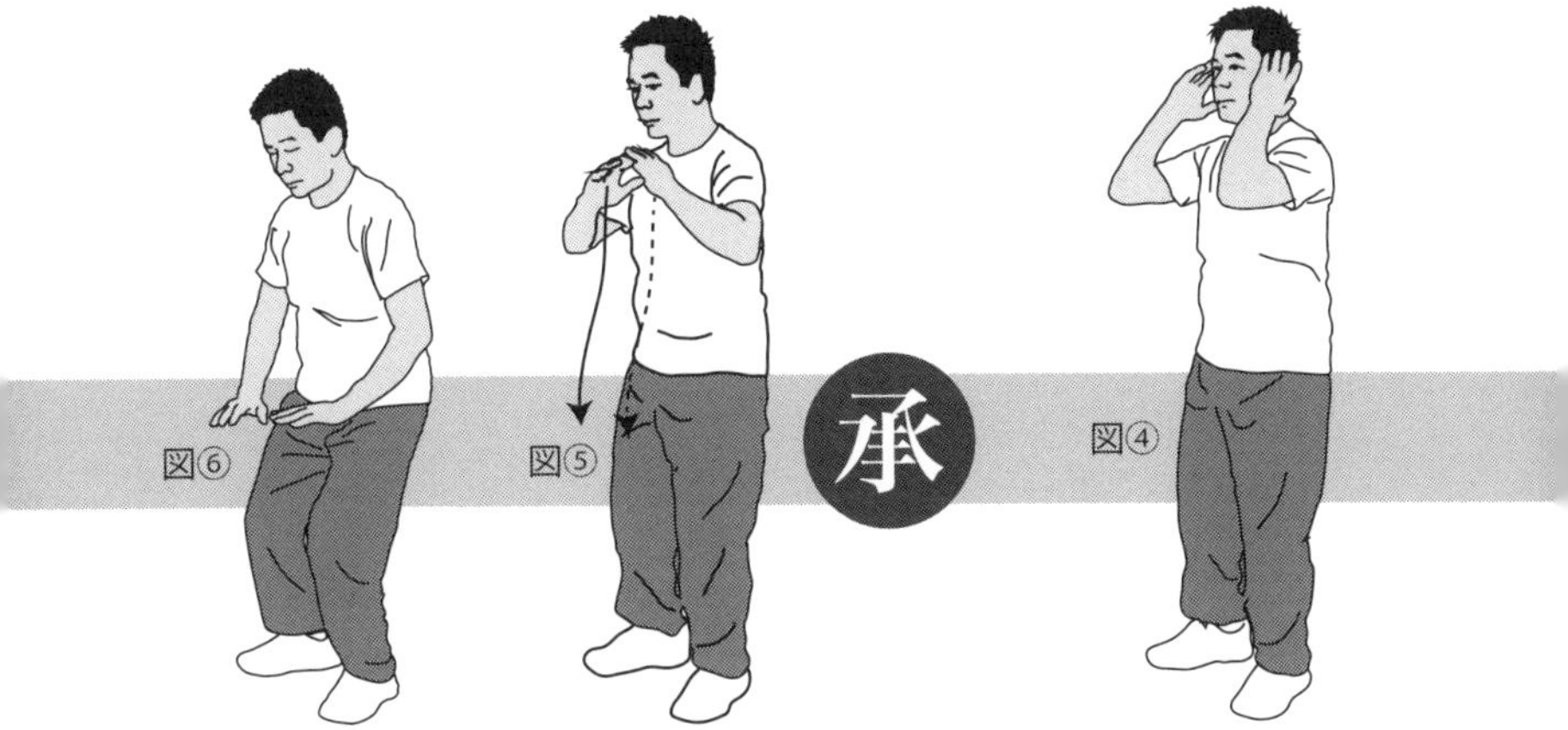

両手で水の入った桶を持って、頭から水をかぶるような気持ちです。これが兪老師の教えた最初の「イチ、頭」のところの動きです。この部分は、「天の気を吸って」と表現するところです。この動きを、起承転結の「起」とします。

▽承

息を吐きながら、両手を両脚の付け根まで降ろしていきます（図⑤、⑥）。この「承」の動作は、ビーチボールを両手で持って、水の中に沈めるようなイメージで動きます。

両手が腹部に降りていくまでは、体重はかかと寄りにあります。両手が下がった時、体

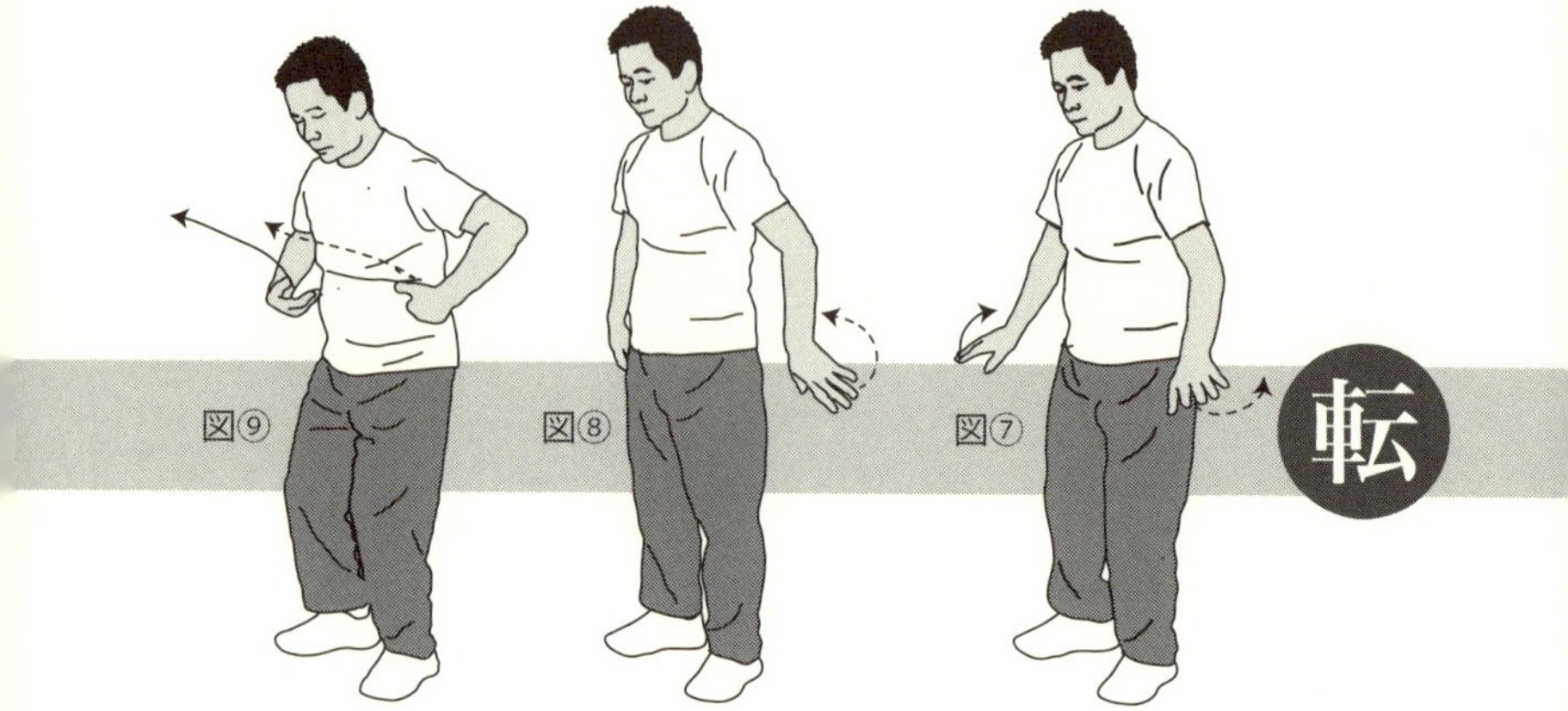

重はわずかに前に移動し、腹部が前方に出ます。頭から取り入れた「天の気」は、足の裏に下がってきます。

▽転

次に、息を吸いながら両手を腰の後ろに回し、順纏絲で手首を回して脇の下まで持ち上げます（図⑦、⑧、⑨）。その時、腹筋と会陰（ＰＣ筋）をしっかりと引き締めます。そして、足の裏から「地の気」を取り入れると感じてみましょう。

▽結

保息して、両手を胸の前に突き出し、何か大切なものを差し出すようにして、站樁の姿勢になります（図⑩、⑪）。

▽起（再び）

それから、息を吐きながら、また両手を前方に出し、さらに上に持ち上げます。こうして、起承転結のパターンを何度も繰り返します。

起承転結のパターンとは

「天地の呼吸」の説明では、「起承転結」という区分けの方法を紹介しましたが、太極拳を長く練習している方でも、おそらくこのようなパターンが太極拳の各勢の中にあるということを教わったことはないかもしれません。

「起承転結」と聞いて、あなたは何を思いつくでしょうか？　4コマ漫画が思い浮かぶかもしれませんね。長編漫画を得意とする流行作家でも、若い頃の漫画修行時代には、4コマ漫画を描いてストーリーの作り方を学んだはずです（実は私も、漫画家を目指していた頃がありました）。

「起」、物語は何気ない日常の1コマから始まります。例えば、男性が歩いています。どこにでもいそうな普通の男性。そのコマをよく見ると、隅っこに何かがさりげなく描かれています。そのコマでは、まだそれが何なのかわかりません。

「承」、次のコマで、その小さく描かれていたものが「バナナの皮」だとわかります。

男性がそのバナナの皮を踏もうとしています。このコマは、最初のコマを「承《う》けて」お話が発展しました。さあ、どうなるのでしょう。読者の興味を引きます。

「転」、さあ、この3コマ目が漫画家の腕の見せどころです。お話が一転して、大きく変化します。男性はバナナの皮で足を滑らせて空中で1回転します。「あっ危ない！この男性はどうなるんだろう？」と読者をハラハラさせるコマです。

「結」では、その3コマ目に起こったとんでもない事件にハラハラした読者が、ホッと胸をなでおろすような結末が用意されます。そう、バナナに足を滑らせた男性がクルリと1回転して見事に着地したのです。そんなことは普通の男性にはできません。

どうして尻餅をつくことなく着地できたのか、読者を納得させなければいけません。男性の上着の下から、首にかけていた金メダルが飛び出し、この男性が一流の体操選手であったことがわかる、といった結末が4コマ目なのです。

私は大して面白いお話を作ることはできませんが、まあ、このように漫画や小説などのストーリーは、起承転結のパターンで構成されています。そして、このパターンの理解は、太極拳の練習にも大変重要な意味を持つのです。

「独楽」は循環パターン

天地の呼吸を練習して、この、起・承・転・結という区切り方で何度も繰り返すうちに、「そうか、太極拳は独楽である、とはこのことなんだ！」と理解できるでしょう。太極拳の動作、つまり1つ1つの勢は、必ずこの循環パターンが含まれているのです。

円盤を4等分し、起・承・転・結と書いて、それを転がせば、起・承・転・結が順番に地面に当たり、その跡が残されます。これが太極拳の「套路」なのです。

多くの太極拳練習者にとっては、「套路」を最初から最後まで通すのが一般的な練習です。しかし、ある年月そのような練習を積んできた人は、このパターンで、1

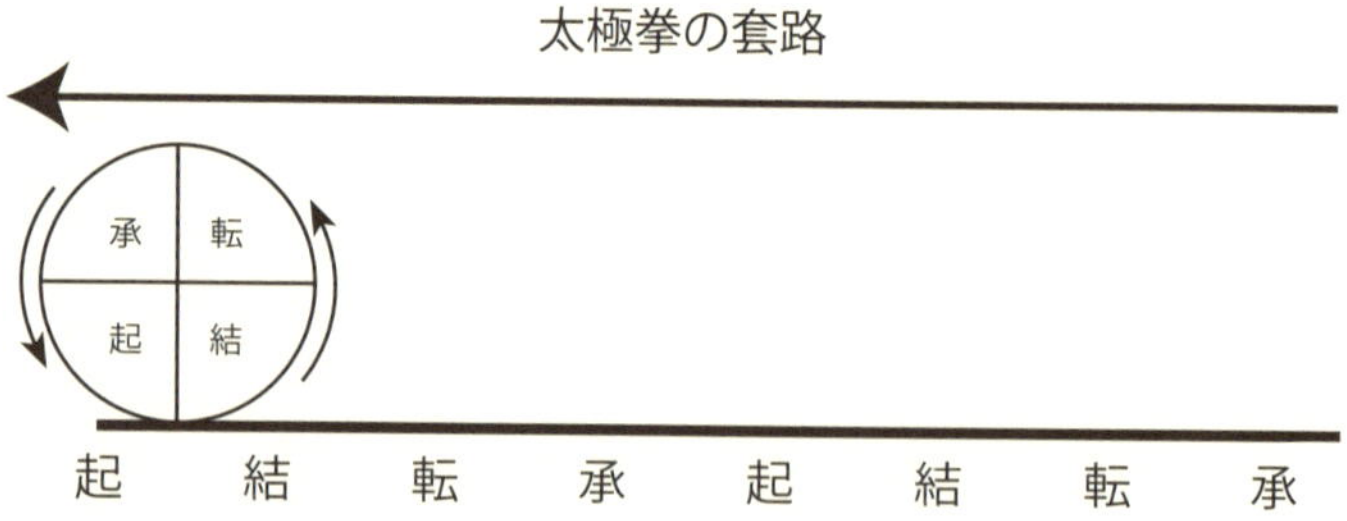

つ１つの「勢」を理解することをお勧めします。

真綿に針を隠す

天地の呼吸は、まるで宗教の儀式のようです。「起」の動きは、大切なものを差し出すように両手を前方に突き出します。次に、差し上げるようにして、両手を額に近づけます。これが「天の気」を取り入れるためのとても大切な動作なのですが、太極拳の動作の流れの中で見失われがちです。どこにこのような動作が含まれているのか、理解している人はごく稀でしょう。

私はこの「起」の動作を、さらに「ジー（擠）」と「リー（攦）」という２つの動作として説明しています。ジーとは「押す」という意味の中国語です。リーとは「引き寄せる」という意味です。この２つの動作が、太極拳の隠れた「攻撃力」になります。

「太極拳は真綿に針を包むような動作である」といわれますが、この部分は「針」にあたり、とても大切です。

太極拳の動作は、ゆっくり柔らかく動き（綿々不断）、一見すると本当に武術としての力があるのだろうかと感じます。しかし、太極拳の動作に熟達した老師と「推手」で対戦すると、柔らかく受け流す老師の動作の中に、不意に鋭い攻撃が表れ、あっという間に対戦者は飛ばされてしまいます。

どこにそのような技が隠れているのでしょうか。いくら套路を練習しても、つかむことは難しいでしょう。

「ジー」とは

「ジー」はどのような動作なのでしょうか？　それは背骨から手に流れてくる「勁力」

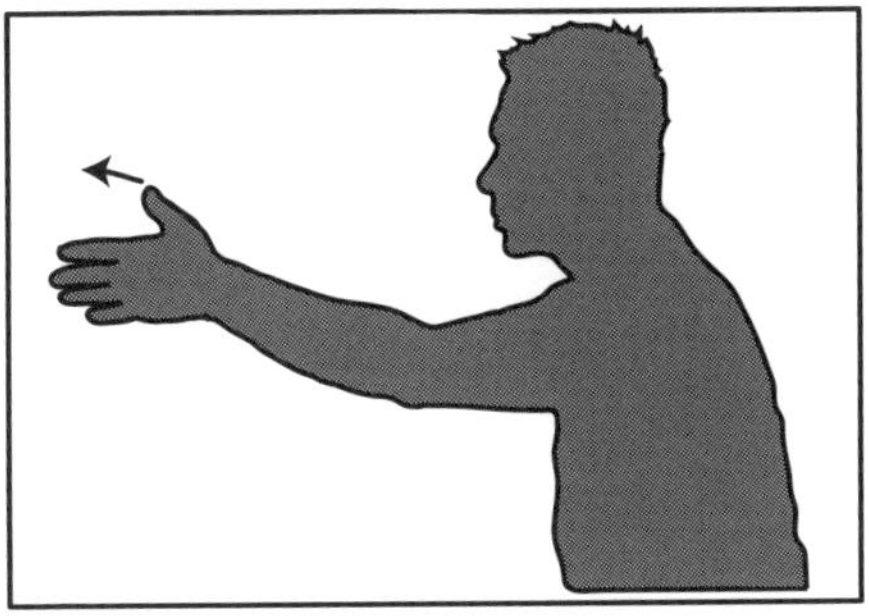

です。腕の屈伸で作る力「拙力」ではありません。
この力は、決して「太極拳」だけの「奥秘」ではありません。けん玉やヨーヨーの得意な子供たちも当たり前に使っている力です。
この力を理解するためには、最初はやや前傾姿勢を取り、両腕を前方に「ゆっくり差し出す」のです。その時、親指に注意を向けます。親指が他の指よりもやや「伸びて」いるようにしましょう。しばらくこの姿勢を保っていれば、背骨と腕との関係がつかめてくるでしょう。この時、背骨は、胸椎と腰椎の辺りが定規を差したようにまっすぐになるようにします。

「リー」とは

次に、「リー」はどのような動作なのでしょうか？　ジーで親指を意識して前方に伸ばした両腕ですが、その手の形から、人差し指、中指、薬指、小指と注意を向け、それぞれの指を順に、ほんのわずかに伸ばすようにするのです。最終的に、両肘が前方に突き出される形になります。

ジーが背骨であったように、「リー」は額の辺り（印堂というツボ）に注意を向けます。

「アン」とは

「ジー」と「リー」の２つの動作は、起承転結の「起」にあたりますが、次の「アン（按）」は「承」にあたります。

アンは「按摩」の按です。これは押さえるという意味で、上から下に「力」を沈めていきます

気功的に捉えれば、「リー」で額の印堂（上丹田）から「気」を取り込み、「アン」では「中丹田」「下丹田」を経て、足の裏まで「気を沈めていく動作」を指します。この上から下に沈めていく動作は、太極拳を理解するうえで最重要テーマであるといえます。最初は、できるだけゆっくりこのプロセスを練習していきます。

「気」を沈めるというのは、単なるイメージだけではありません。脊椎が微妙に動くのです。それがわかりにくい人は、最初に戻って「亀のエクササイズ」を何度も練習してみてください。

このような内面の動作は、最初はゆっくりしかできませんが、「気」を沈める感覚が体得できてくると、素早くできるようにもなります。また、動作も微妙になり、このようなプロセスを行っていることが周りからは見えなくなるのです。

「ファンソン」とは

「承」の次に「転」がきますが、「転」の動作は「ファンソン（放鬆）」と理解することができます。「承」の「アン」は力を下に沈めることでした。「転」はそれに対して、力が足の裏から反転して上昇してくるプロセスです。私はその動作を「ファンソン」と呼んでいます。

一般に「ファンソン」とは、リラックスすることと捉えられていますが、ただ力を緩めるのではないのです。地面の「気」が足の裏から上昇できるように、体の緊張を解くのです。

この動作は、古くから「地の気を引き上げる」と表現されています。足の裏から腰、背中を通して両手の指先まで、一気に「地の気」が上昇してくるのです。

やや独断的に感じられるかもしれませんが、実際に練習してみると、納得していただけるでしょう。

この時、両手はクルッと1回転させますが、その手の動作は「順纏絲」と呼ばれます。ついでに説明すると、最初の「起」の動作である「ジー」「リー」は、「逆纏絲」と理解できるでしょう。つまり、「真綿に針を包む」といわれる太極拳の動作は、この天地の呼吸で使われる「順逆の纏絲勁」のことだと理解できないでしょうか。

「ポン」とは

そして最後の「結」は、「ポン（掤）」となります。「ポン」は、全身を「気」で充満した器にするのです。そのためには、会陰部が最重要ポイントです。

会陰部を引き締めることを「提肛」と呼びます。これがつまり、「站椿功」の姿勢です。一番最初に、この姿勢でしばらく立つことで臍下丹田《せいかたんでん》に「気」を満たしますが、「ジー」「リー」「アン」「ファンソン」と動いた後で、またその姿勢に戻ります。

太極拳の全ての技は、以上の5つの動作で作られています。

これが纏絲勁

ジーは「押す」、リーは「引く」、アンは「沈める」、ファンソンは「浮かぶ」、そしてポンは「抱える」、この5つの動作が「全て」です。そしてこれは「纏絲勁」と呼ぶこともできます。

「ジー」「リー」が「逆纏絲」で、「アン」「ファンソン」「ポン」が「順纏絲」です。

これは私の独断的な理論ですが、「天地の呼吸」を繰り返し練習していけば、必ずこの理解で正しいことがわかるはずです。そしてこれがわかってはじめて、太極拳の各動作の意味がわかるのです。

「纏絲勁」は、陳式太極拳だけの技術ではありません。ある流派では「抽絲勁」と呼びます。纏絲勁と抽糸勁が同じだと説明すると、必ず「そんなわけはない」という意見が出てくるでしょうが、全ての流派の「太極拳」は、全て纏絲勁なのです。大きく表現するか小さく表現するか、その違いしかありません。「天地の呼吸」は、さりげなく「纏絲」を練習する方法です。

4は5に

さあ、これで2種類のパターンができました。

つまり、「起・承・転・結」という4分割されたパターンと、「ジー・リー・アン・ファンソン・ポン」という5分割のパターンです。

では、4分割と5分割、どちらが正しいのでしょうか？　もちろん、どちらも正しいのです。これらは全く同じものなのです。昔から「四の五の言わない」と教えられているではありませんか。

小学生が算数のテストで、「4と5はどちらが大きいか？」という問題に「4＝5」と書けば×になります。4＜5なら、○ですね。

しかしタオの数学は違うのです。1は2であり、2は3であり、4、5、6、7と、どれだけ数が大きくなっても、1とイコールなのです。

1を「太極」と呼びます。1が全てです。しかし、それを2分割すれば、「陰陽」と呼ばれます。3は「陰陽中（中は太極のこと）」です。

4分割は「春・夏・秋・冬」と理解すればわかりやすいでしょう。古い表現では「四象」と呼ばれ、色でいえば「青（春）」「赤（夏）」「白（秋）」「黒（冬）」となります。「青春」といえば人生の春ですね。「白秋」で思い出すのは、歌人の「北原白秋」でしょう。

「前進歩」を起承転結で

さあそれでは、太極拳の基本歩法である「前進歩（上歩《シャンブー》）」で、起承転結のパターンを実際に試してみましょう。前進歩、後退歩、横移動、が太極拳の基本と言えます。

前進歩が理解できれば、左右野馬分鬃と左右摟《ろう》膝《しつ》拗《よう》歩《ほ》が理解できてくるでしょう。

1．まず、両手は胸の前でボールを抱える形にして、站椿功の姿勢で立ちます（図①）。これは準備姿勢です。

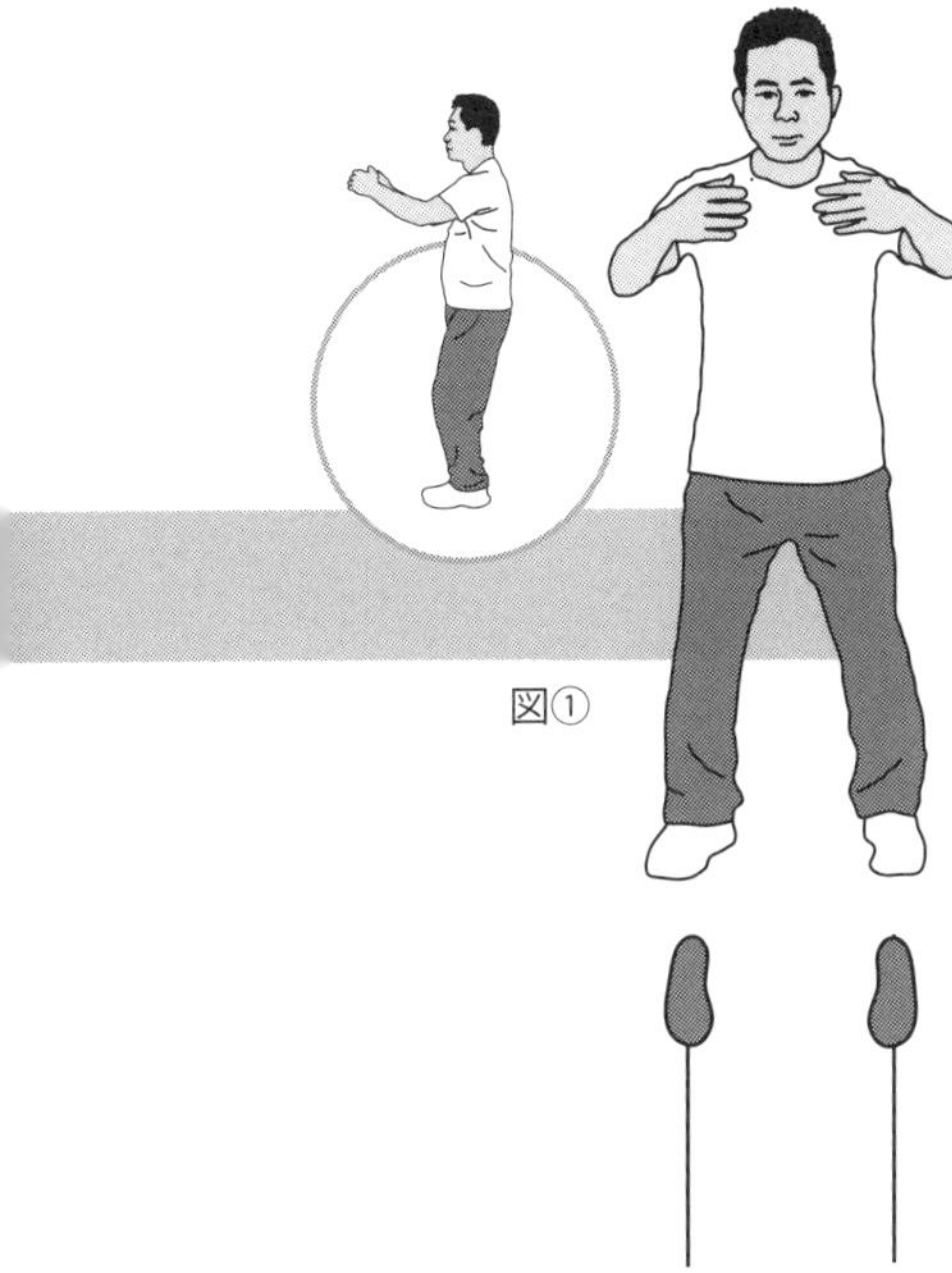

図①

▽起

2．右足を45度に開き、上体を同じ方向に向け、両手を前方に突き出します（図②）。

3．次に、両手を額に近づけ、体重を右足に乗せ、左足を丁歩で引き寄せます（図③）。

▽承

4．上体を進行方向に向けながら、両手を下腹の高さまで下げます（図④）。

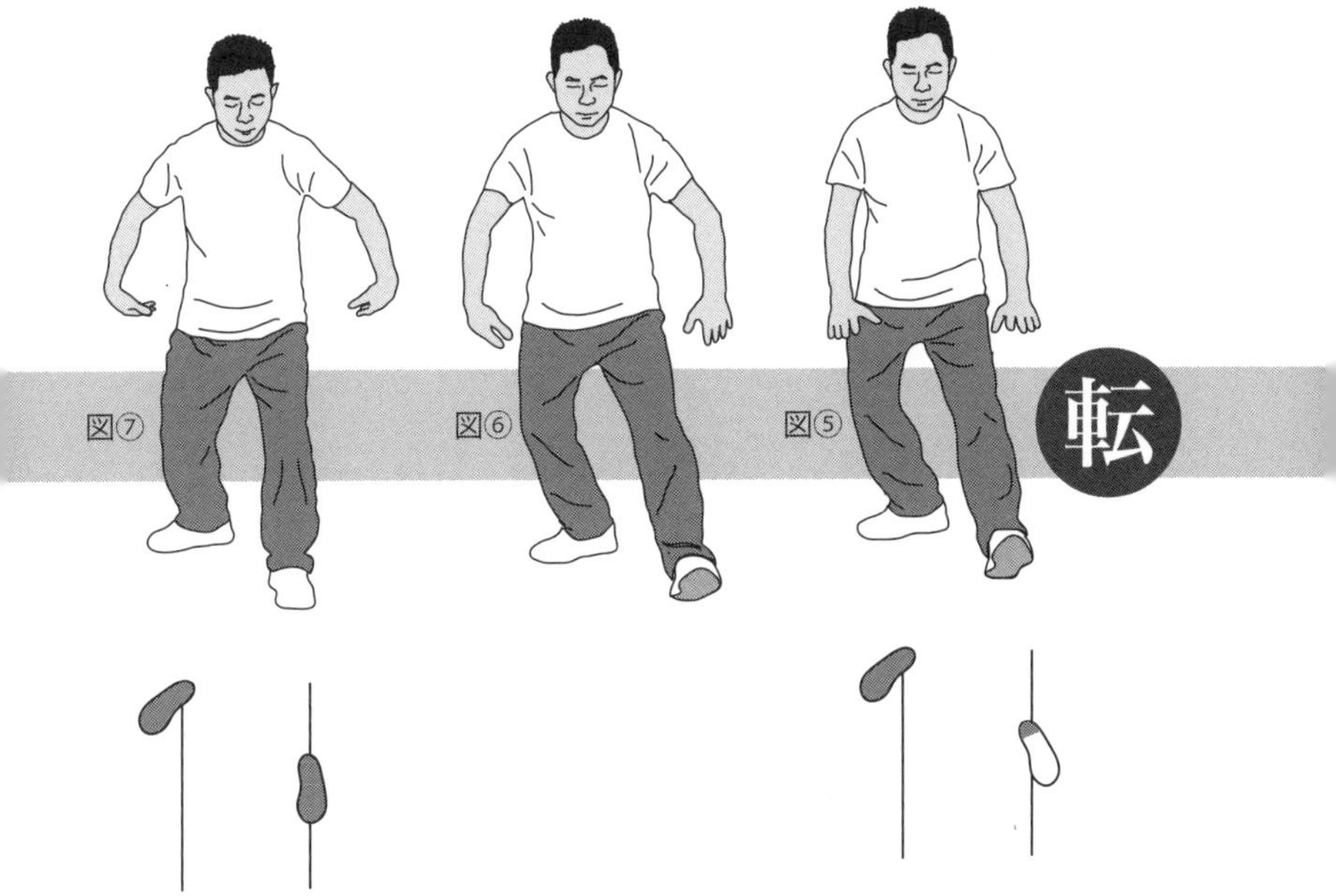

▽転

5．腰の位置で手のひらを後ろに向け、クルッと1回転（順纏絲）させます（図⑤、⑥、⑦）。

図⑨
図⑧

▽**結**

6. 1回転させた両腕を胸の前に持ち上げ、上体は站椿功の形になり、歩形は左弓歩になります（図⑧）。

▽**起（左右を入れ替えて）**

7. 続いて、両手を前方に出します。これが「ジー」です（図⑨）。左虚歩になり、両手を額に近づけます。これが「リー」（図⑩）です。

8．▽承

「リー」で引き寄せた両手を沈めていきます。両手が沈むにつれて、上体が左斜めから正面（進行方向）に向きを変えます（図⑪、⑫）。そして、それにつれて「気持ち」が足の裏まで下がっていくのを感じましょう。

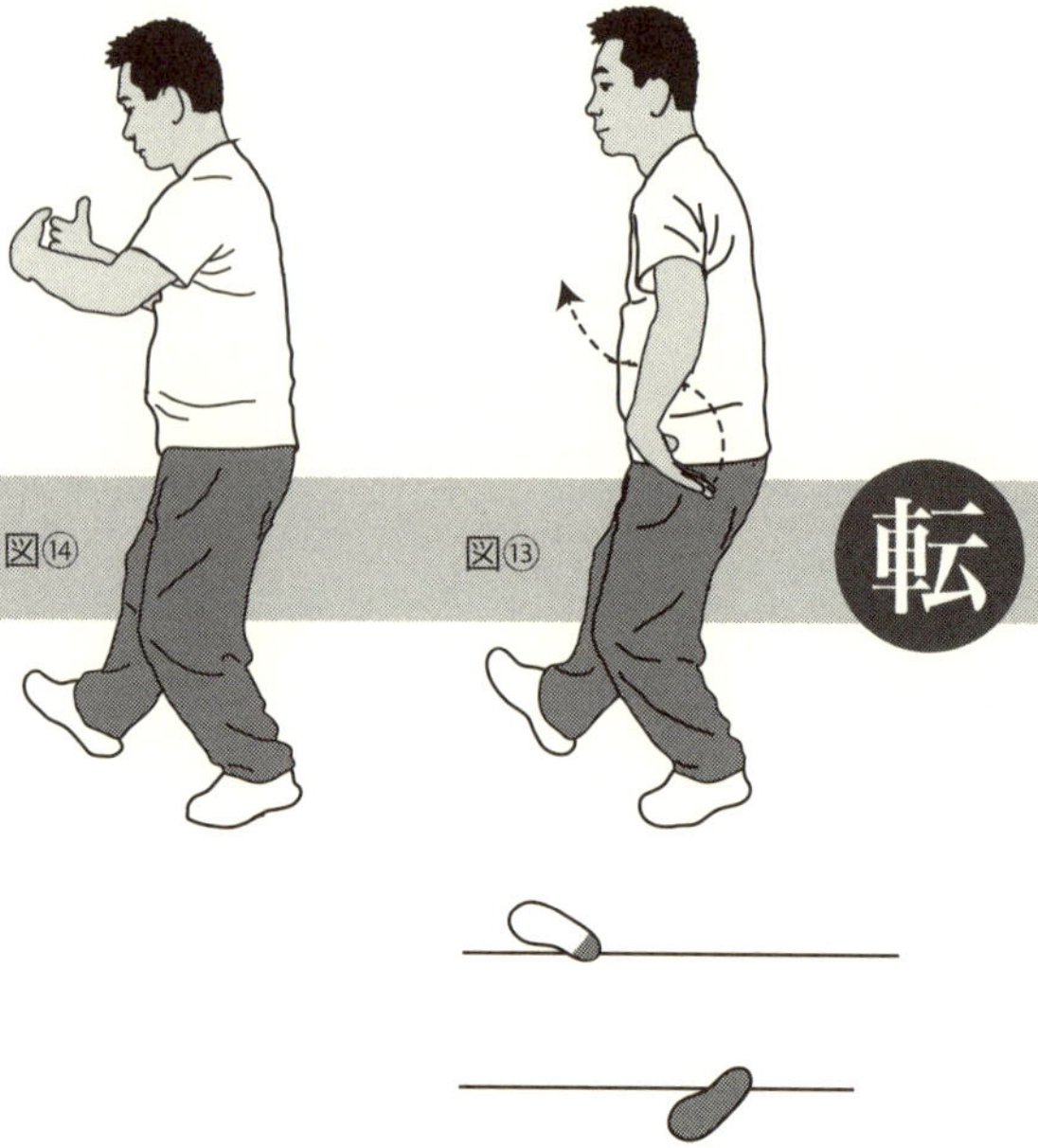

▽転

9．承でしっかり左足の裏を意識したら、両手首を脇の下で順纏絲しながら、右足を一歩前方にかかとから出します。引き続き、両腕は胸の高さに持ち上げます（図⑬、⑭）。

▽結

10. 前進し、体重を右足に移します（図⑮）。

「予備勢」を起承転結で

前進歩を詳しく説明してきましたが、いよいよ今度は太極拳の套路を「起承転結」で解説していくことにしましょう。

その始めはまず、「予備勢」です。

１９５６年に中国の国家体育運動委員会によって簡化24式太極拳が発表された時に、「予備勢」は省かれました。套路は両脚を開いた状態から始められるようになり、「予備勢」は套路から除外されたのです。

また、予備勢が含まれた套路でも、多くの実践者は単に「起勢」を始めるために「足を肩幅に開く」というだけの理解でお茶を濁しているのではないでしょうか。

「予備勢」こそは、太極拳動作の「種子」です。

第1勢である「起勢」は、その種子が発芽したものといえます。そして、その他の23の全ての勢は、様々に外見が異なっていても、「予備勢」の動作パターンに正確に従って作られていることを理解すべきなのです。

起

図①

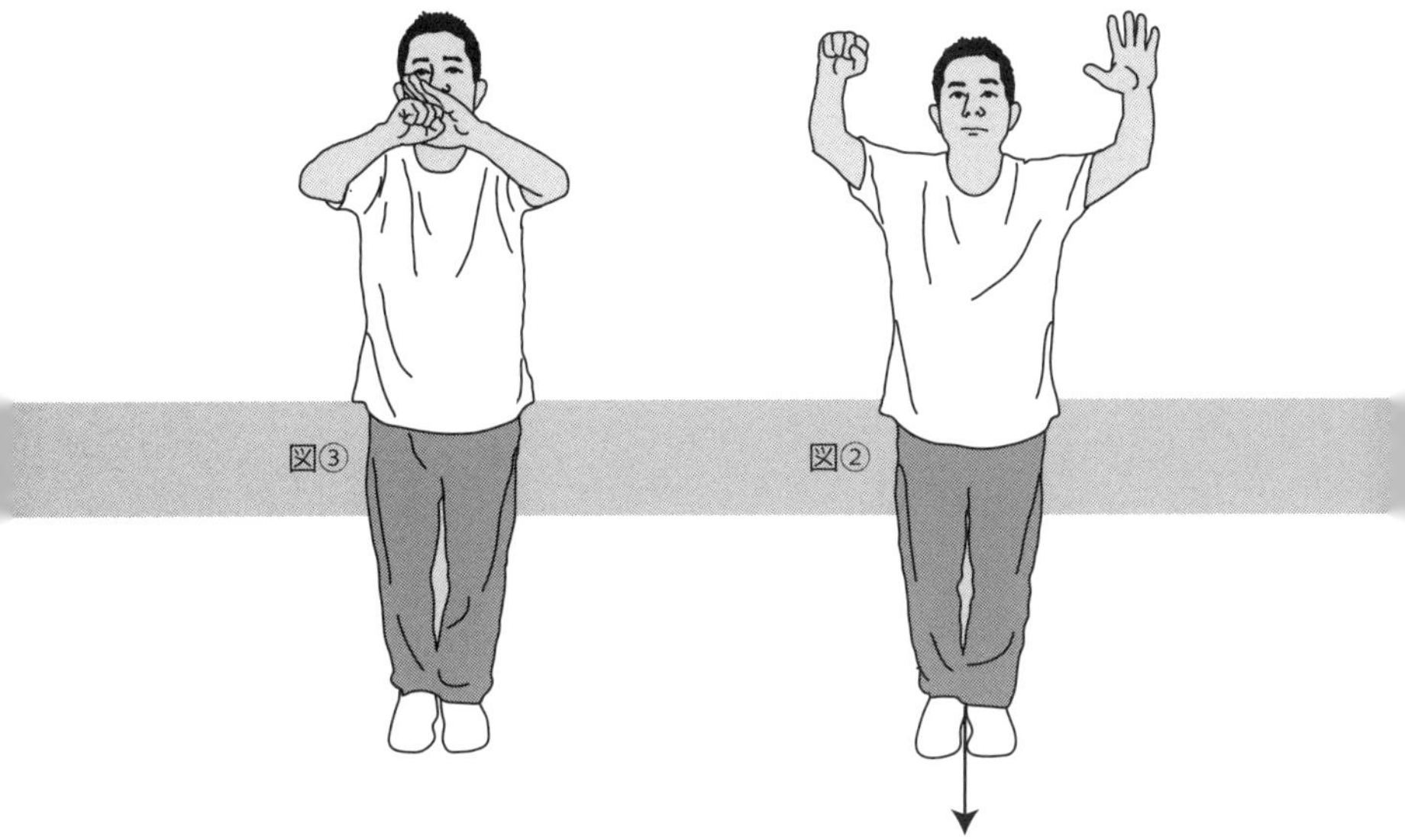

▽起

1．まず、南を向いて立ちます。ただし実際の方角とは関係なく、正面を南と考えるのです。すると、後ろは北、右は西、左は東です。こうして周囲の方角をしっかり理解して立ちます（図①）。

2．右手を拳《けん》にして、左手を掌《しょう》にします（図②）。

3．拳と掌を顔の前で合わせます（図③）。

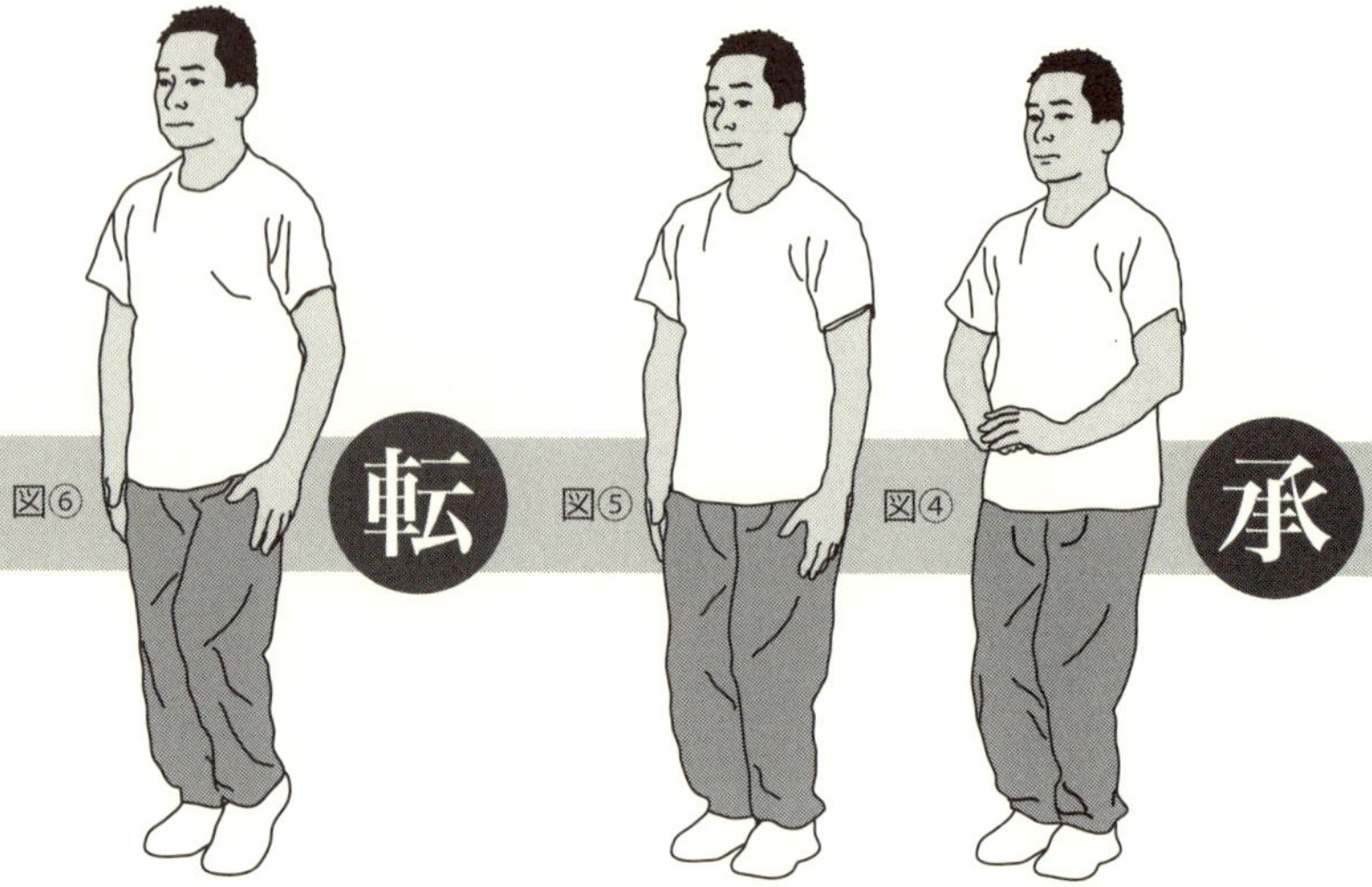

▽承

4．両手を合わせたまま腹部まで降ろします。この動作と一緒に「気沈丹田」、気をお腹の丹田に降ろしますます（図④、⑤）。

▽転

5．左脚を持ち上げます。ただし、左脚は右脚が持ち上げていきます（図⑥）。肩幅に開き、つま先から着地し（図⑦）、ゆっくり体重を両足の間に移動します（図⑧）。

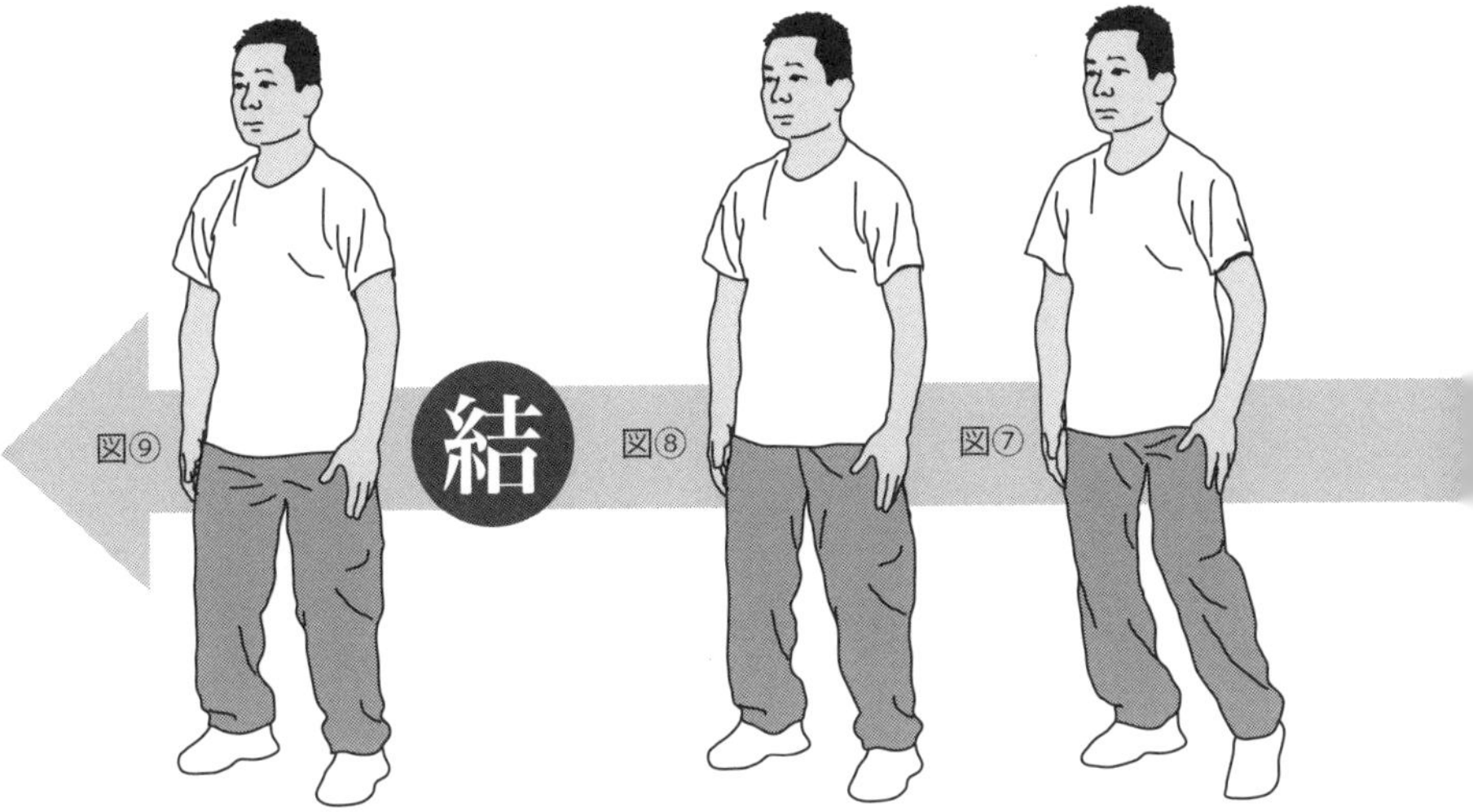

▽結

6．両足の間に体重が乗ったら、提肛して、予備勢の動作を終わらせます。この最後の状態は、次の動作の準備姿勢を意味します。（図⑨）。

「起勢」を起承転結で

「予備勢」に続いて、「起勢」を「起承転結」で分析していきましょう。

「予備勢」の時には、まだ両手は胴体の一部でしたが、「起勢」で両腕を胴体から分離させます。そのプロセスが、起勢においての「起」になります。

▽**起**

1．「予備勢」が完成した状態から、両腕を親指側から前方にほんの少し押し出します。これが「ジー」という動作になります（図①）。

図①

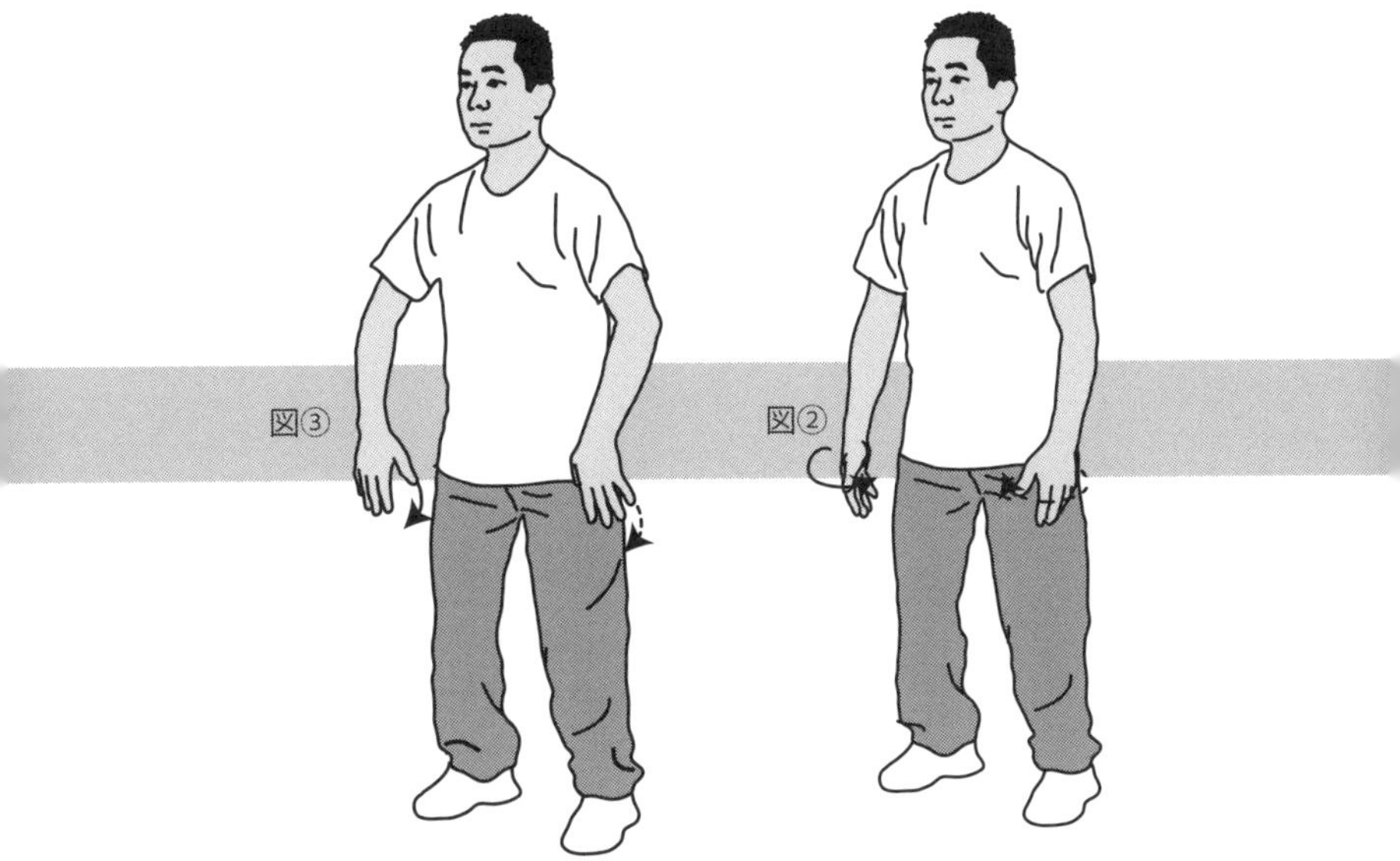

2. 両手のひらが後ろに向くように、腕をひねります。この部分が「リー」という動作になります（図②、③）。両掌が後ろに向き、両脇がやや開き、ソフトボールほどの球を持っているような感覚です。

ワンポイント・アドバイス

両腕を上げ下げする「起勢」の動作の始めは、「上げる」ではなく、「ジー」、つまり「押す」でなければいけません。

予備勢の段階では両手を体側につけており、まだ両腕は胴体の一部でした。起勢は、その予備勢が終わった「ポン」の姿勢から、両腕を前方に突き出す動作から始まるのです。

その動作で、体側に垂らされていた両腕はほんのわずかに動き、鼠蹊部《そけいぶ》の辺りに位置します。

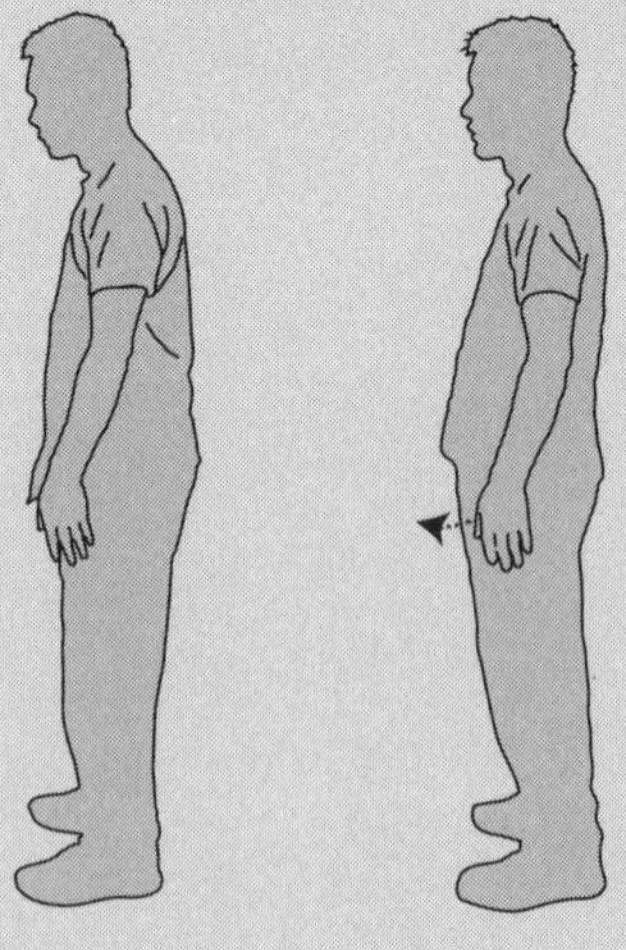

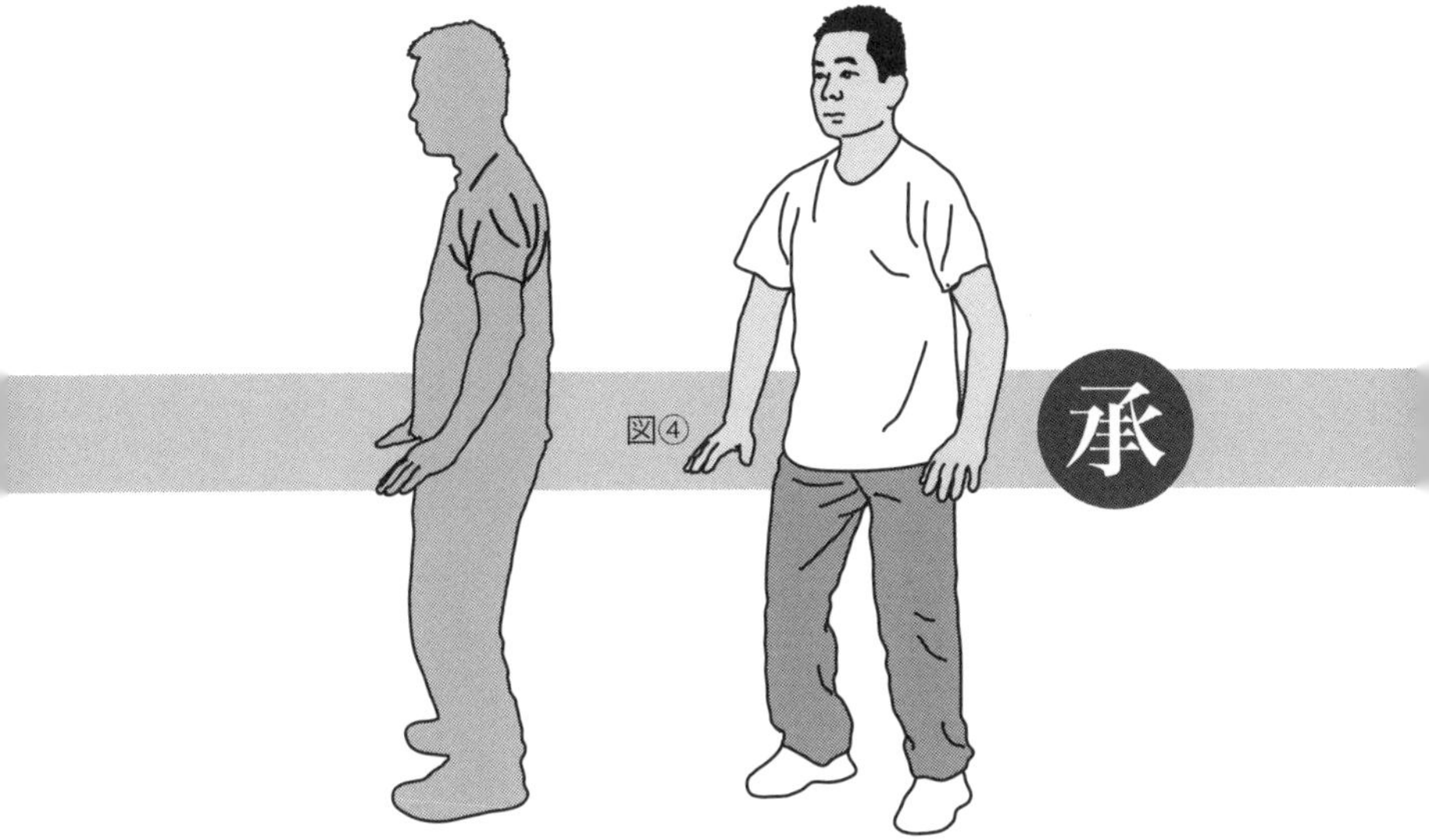

▽承

3．この「アン」は、先の「リー」の状態から、掌底を使ってボールを地面に向かって押し下げるようにします（この感覚については第2章で詳しく説明しました。図④）。この押し下げる力が、次の両腕を持ち上げる力になるのです。

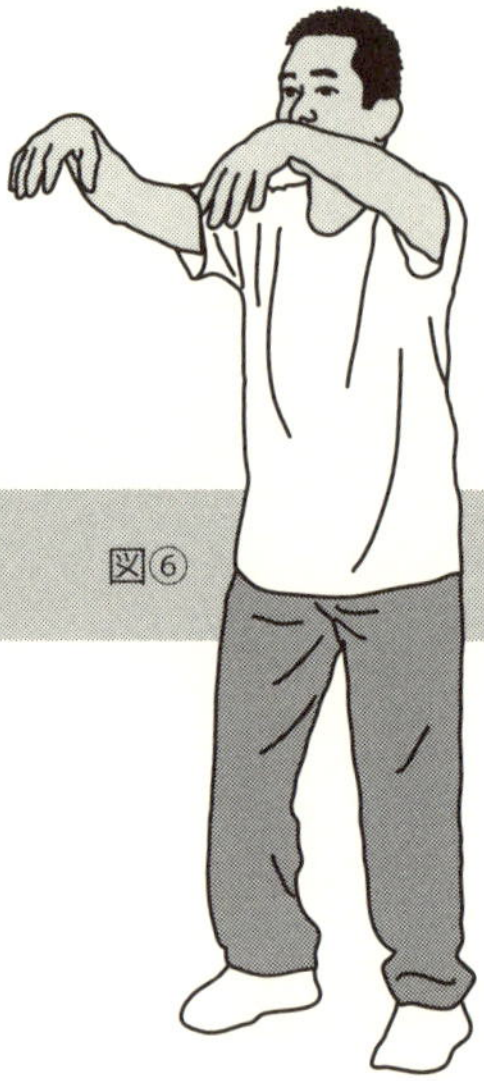
図⑥

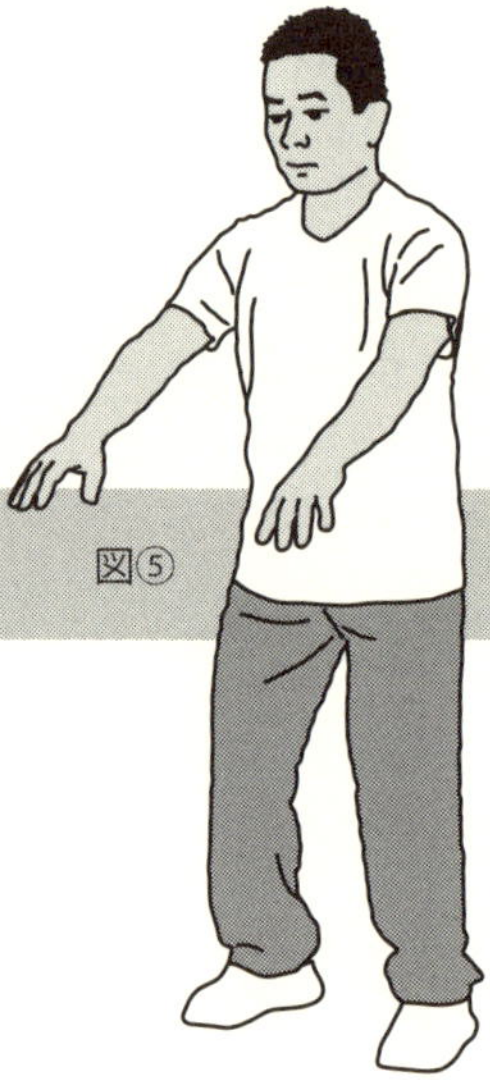
図⑤

▽転

4.「転」は、「承」の状態から一転して両腕が上昇していきます（図⑤、⑥）。しかし、「腕を持ち上げる」のではなく、腕は、地面から上昇してくる力に従って「浮かび上がってくる」のです。この時の状態を、「ファンソン」と表現します。

ワンポイント・アドバイス

一般に「ファンソン」とは「リラックス」することであると理解されていますね。もちろんそれは「正しい理解」ですが、それは基礎の段階での理解といえます。その次の段階での理解の重要性を認識し、実践している人は、ごくごく少数派でしょう。

私は決して高度な技術を説明しようとしているのではありません。けん玉やヨーヨーで遊ぶ子供でも無意識に行っている動作のことなのです。

これは「ファンソン」だけで理解しようとせず、陰陽で理解すると、とてもわかりやすいのです。つまり、「アン」と「ファンソン」の２つを順に繰り返してみると良いでしょう。

アンは「沈める」です。ファンソンは「リラックス」ではなく、「ジー、リー」で取り込まれた「天の気」が足の裏まで沈んでいき、足の裏から「地の気」が体の中を通って両手の先まで流れていく動作なのです。これは静止姿勢ではわかりません。「アン」と「ファンソン」を繰り返すのです。

一般に、両手を下げる動作は「アン」、上げる動作は「ポン」であると捉えられがちですが、それらを「アン」「ファンソン」と捉えなおせば、全く新しい太極拳の次元が見えてくるでしょう。

ちなみに、「ファンソン」で「地面の気が上昇して、風船が膨らむように両腕が上昇し、最後にパンパンに膨らんだ結果として、「虎」のような獰猛ささえも体感されるのです（既刊『誰でもできる五禽戯』に詳しく解説しています）。

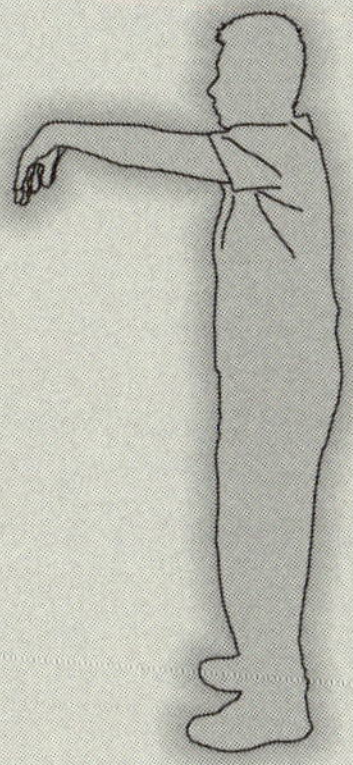

▽結

5.「結」では、「転」で足の裏から上昇して両手に上った「力」が指先まで流れ、そして両腕から丹田まで、さらに会陰を引き上げ、命門（へその裏側）まで導きます（図⑦、⑧）。

　この「ポン」の動作の中には、「ジー、リー、アン、ファンソン、ポン」というワンパターンの動作が、全て隠れて含まれています。

おわりに

この本で私が皆さんにわかっていただきたいと思うのは、太極拳の動作は特殊なものではなく、様々なスポーツの中で行われるシンプルな運動と同じであるということです。

野球のピッチャーが一球ごとに行う、まるで儀式のような「ワインドアップ・モーション」も、私は「起（ジー、リー）」「承（アン）」「転（ファンソン）」「結（ポン）」というワンパターーンで構成されていると観ています。

サッカーの「スローイン」の動作にも、バスケットボールの鋭い「トス」の動作の中にも、同じワンパターーンを見ることができるのです。相撲の横綱の土俵入りの「柏手」の中にも、「弓取式」の土俵を鳴らす動作の中にも……、それはまるでアルチュール・ランボーの詩「永遠」の一節のようです。

また、見つかった、
何が、
永遠が、
海と溶け合う太陽が

この本では、簡化太極拳の「予備勢」と「起勢」を、全てに通じるワンパターンの例として紹介しました。このワンパターンの理解に至る最も大切な基本功は、「亀のエクササイズ」です。亀は首を動かす動作です。この首の運動によって、頭部と首から下がつながるのです。まさに、「海（胴体）と溶け合う太陽（頭部）」です。

しかし「亀のエクササイズ」は、どう見ても太極拳の動作と関係づけて考えることは難しいでしょう。ですから、「天地の呼吸」を紹介しました。この呼吸を練習するうちに、その動作が「前進歩」の中にも取り入れられていることを理解できるでしょう。大切なのは「表面的な外見」ではなく、「ワンパターンの流れ」です。

左右の違いについても解説していきたかったのですが、紙幅の都合で紹介できませんでした。それら、発展していく内容は次巻で紹介することにしました。

私が室内で教えるクラスは、1週間のうちで2教室だけです。多くのクラスは早朝の公園での「青空教室」です（雨の日はお休み）。ごく少人数で、私の編み出した「活静体操」と、簡化24式太極拳を練習しています。そして希望者は、その教室のメニューが終わった後に「陳式太極拳新架一路」を練習しています。

また、毎年夏には、六本木ヒルズの恒例行事になった「朝の太極拳」が開催されます。約500名ほどの参加者と、太極拳練習を楽しんでいます。

さあ、あなたもぜひ、私たちと一緒に太極拳を練習しようではありませんか！

真北斐図

◎真北斐図の太極拳教室

どの教室も、約10名ほどのメンバーが集まって、楽しく太極拳を練習しています。全教室、真北斐図がご指導いたします（青空教室は、雨の日は中止になります）。

■井の頭公園・青空教室

日時：毎週月・水・金 AM10:00 ～ 11:30（簡化24式太極拳）、
AM11:30 ～ 12:00（陳式太極拳）
毎週土 PM12:00 ～ 1:20（簡化24式太極拳）、
PM1:30 ～ 3:00（陳式太極拳）
場所：東京都武蔵野市御殿山　井の頭公園
交通：JR中央本線・京王井の頭線　吉祥寺駅下車徒歩10分

■有栖川宮《ありすがわのみや》記念公園・青空教室

朝早めの時間帯につき、出勤前に参加可能な教室です。
日時：毎週火 AM7:30 ～ 8:30
場所：東京都港区南麻布　有栖川公園
交通：東京メトロ日比谷線　広尾駅下車徒歩5分

■立野町《たてのちょう》教室

日時：火曜（月3回）PM5:45 ～ 7:25
場所：東京都練馬区立野町　立野地区区民館（03-3928-6216）
交通：西武バス　関町南2丁目下車徒歩3分

著者◎真北 斐図　Ayato Makita

1951年生まれ。1979年から太極拳を学び始める。2003年より「六本木ヒルズ 朝の太極拳」の講師を務め、好評を博す（以降、夏の恒例行事となる）。コズミックダンス研究所代表。主な著書に『誰にも聞けない太極拳の「なぜ？」』『HOW TO 太極拳のすべて』『誰でもできる！ 五禽戯』（BABジャパン）、『ひとりでできる太極拳健康法』（実業之日本社）など多数。指導・監修DVDに『五禽戯健身法』など。出演番組にCSテレビ（248）「いきいきレッスン 簡化24式太極拳」など。

「真北斐図の太極拳HAO!」http://otm.xrea.jp/
「真北斐図のEASY Tai Chi」https://www.easy-taichi.com/

◎コズミックダンス研究所
TEL&FAX　042-466-4022
Mail　otm@magic.odn.ne.jp

イラスト●真北斐図
本文デザイン●和泉仁
装丁デザイン●梅村昇史

全ての流派に通じる、隠された法則

太極拳のヒミツ

「8」の字の奥秘で、真意がわかる！ 身につく！

2017年 5月10日　初版第1刷発行
2019年11月15日　初版第3刷発行

著　者　　真北斐図
発行者　　東口敏郎
発行所　　株式会社BABジャパン
〒151-0073 東京都渋谷区笹塚1-30-11　4・5F
TEL　03-3469-0135　　FAX　03-3469-0162
URL　http://www.bab.co.jp/
E-mail　shop@bab.co.jp
郵便振替 00140-7-116767
印刷・製本　　中央精版印刷株式会社

ISBN978-4-8142-0054-2 C2075

BOOK Collection

BOOK
「始めてすぐの人」と
「上達したい人」のための
HOW TO 太極拳のすべて

「姿勢・意識のコツから、基本功、簡化 24 式マスターまで」太極拳はなぜ健康に良くて、なぜ不思議な力が湧いてくるのかわからない…。何年か練習しているけど、動作の意味や要点がわからず、しっくりこない…。まさに初〜中級者の知りたかったことがわかる、待望の 1 冊。

■ CONTENTS

太極拳を学ぼう!（現代人特有の症状も改善できる／なぜ肩が凝る?／伸ばす、伸ばす／静のトレーニング／他）

まず押さえておきたいキーポイント（私には才能がない?／鏡を見ない／中国の公園では／基本功は絶対不可欠／陽の腕とは?／陰の腕とは?／中の腕とは?／他）

太極拳の基本姿勢とは?（上達に必要な姿勢のポイント／虚領頂勁とは?／沈肩墜肘とは?／含胸抜背とは?／水の入った皮袋／歩くことを学ぶ／他）

簡化 24 式太極拳をやってみよう!（簡化 24 式太極拳とは?／制定拳とは?／他 ）

●真北斐図 著　●A5判　●216頁　●本体1,500円+税

BOOK
誰にも聞けない
太極拳の「なぜ？」

“今さら聞けない素朴な疑問” から
“誰も教えてくれない秘密” まで

「太極拳の秘密を解き明かす、9 のつナゾ」今さら聞けない初心者の素朴な疑問から、達人たちが隠してきたヒミツの極意まで、太極拳にまつわる「なぜ」を解説します!　「なぜ」が分かるほど、上手くなる!　強くなる!　健康になる!

■ CONTENTS

第 1 の「?」ゆっくり動くのは、なぜ？
第 2 の「?」なぜ、中腰姿勢？
第 3 の「?」中心軸とは？
第 4 の「?」左右対称でないのはなぜか？
第 5 の「?」覚えられないのはなぜ？
第 6 の「?」「気」とは？
第 7 の「?」呼吸はどうする？
第 8 の「?」太極拳でホントに強くなれるの？
第 9 の「?」ワンパターンの実例は？

●真北斐図 著　●A5判　●208頁　●本体1,500円+税

BOOK & DVD Collection

BOOK

中国伝統気功体操

誰でもできる! 五禽戯

気功の基礎と、太極拳の術理が溶け込む「五禽戯」を、独自の段階練習で身につける! 鹿、猿、熊、虎、鳥。5種類の動物の動きから学ぶ中国伝統の気功体操「五禽戯」を陰陽五行、経絡理論、生理学的に解説する。五臓六腑を健康にし、身体の機能を高め、の生命力を呼び覚ます!

■ CONTENTS

●序章　動物たちは知っている
●理の章　五禽戯（ごきんぎ）って何?
●気の章　気功って何?
●木の章　鹿のお辞儀は何のため?
●火の章　サルはなぜ肘を曲げる?
●土の章　熊はなぜ体を揺らす?
●金の章　虎はなぜつま先立つ?
●水の章　鳥はなぜ羽ばたく?

●真北斐図 著　●B5判　●140頁　●本体1,800円+税

DVD

かんたん、気軽にできる!

五種類の動きと気功法による健康気功体操!

かんたん気功体操 五禽戯健身法

中国で親しまれる健康気功体操・五禽戯を、太極拳・気功法指導者・真北斐図老師が誰にでも分かりやすくできるように研究。五種類の動物の動き（鹿、猿、熊、虎、鳥）を気功法と共に行うことで体力の向上や健やかな体作りが期待できます。

■ CONTENTS

はじめに—「気」の章
（シェイク—体をゆする／」のボール／他）

1）「木」の章—鹿
（角を突き立てる動作／天地礼拝）

2）「火」の章—猿
（猿の基本練習／ものをつかむ動作／他）

3）「土」の章—熊
（熊の基本練習／8の字に揺らす動作／他）

4）「金」の章—虎
（虎の基本練習／うかがう動作／飛びかかる動作）

5）「水」の章—鳥
（羽ばたく動作○飛び立つ動作）

●真北斐図 指導・監修　●収録時間88分　●本体5,000円+税

BOOK Collection

「10の言葉」がカラダを拓く!

太極拳に学ぶ身体操作の知恵

「太極体動（タイチ・ムーブメント）はすべてに通ず!」武術・スポーツ・芸事・日常生活に活かせる！　古来から練り上げられ蓄積された身体操作のエッセンス「10の言葉（太極拳十訣）」が示す姿勢や意識のあり方で、あらゆる身体行動を〝質的転換〟へ導く革新的な一冊！太極拳の根本教典『太極拳経』の直訳文・通釈文も収録!

●笠尾楊柳 著　●四六判　●224頁　●本体1,500円+税

【新装改訂版】見やすい！分かりやすい！

簡化二十四式太極拳入門

ベストオブ太極拳!!　李徳芳老師が簡化二十四式太極拳創始者である父李天驥より受け継いだ真髄と三十数年にわたる太極拳指導の経験を活かして、初心者向けに正しい学び方を紹介。基本技術と練習の要領を正確に理解すれば、太極拳の基本技術を短期間でマスターできるばかりでなく、健康面においても素晴らしい効果が得られます。

●李徳芳／呉増楽 共著　●四六判　●164頁　●本体1,600円+税

太極拳の真髄

～簡化24式太極拳編者の理論解説と歴史～

24式太極拳の編者にして太極拳の父、李天驥老師が八十年の武術・太極拳人生の集大成として太極拳の実践と理論、歴史を綴った決定版。■目次：太極拳の理論（「太極拳論」と「十三勢歌」・他）／簡化二十四式太極拳（図解・練習における3つの段階・他）／健身のための功法（八段錦・太極養生十三勢功）／私が歩んできた道／後書き

●李天驥 著　●A5判　●300頁　●本体2,718円+税

宗家20世・陳沛山老師の太極拳『超』入門

今まで無かった! 太極拳創始者直系の伝承者が教える最も基本的な体の使い方から極意まで!　太極拳で用いる基本的な身体技法から、伝統太極拳のエッセンスを凝縮した四正太極拳（20套路）を学べます。さらに太極拳の歴史や思想を学べるトピックスや、陳家に伝わる未公開エピソードも含まれた、これまでになかった新しいスタイルの入門書。

●陳沛山 著　●A5判　●336頁　●本体 2,000 円+税

太極拳パワー

「ARCプロセス」で、内部エネルギーを足から手へ!

アメリカの最先端科学者が、“東洋の神秘”太極拳の極意理論を公開!!「リラックス」が生む、不思議なパワーの秘密とは!? 太極拳は「意識を使って、内部エネルギーを足から手へと伝達する訓練」だった。そしてFAB（完全に活性化された身体）へ至れば、魂を揺さぶるエネルギーと快楽が生まれる。

●スコット・メレディス 著　●四六判　●268頁　●本体1,600円+税